北京华景时代文化传媒有限公司 出品

学会闲聊

[日]森优子 著 沈英莉 杨鑫仪 译

北京联合出版公司
Beijing United Publishing Co.,Ltd.

图书在版编目（CIP）数据

学会闲聊 /（日）森优子著；沈英莉，杨鑫仪译. -- 北京：北京联合出版公司，2024.3（2025.7 重印）
ISBN 978-7-5596-7473-9

Ⅰ.①学… Ⅱ.①森… ②沈… ③杨… Ⅲ.①人际关系－通俗读物 Ⅳ.① C912.11-49

中国国家版本馆 CIP 数据核字（2024）第 039588 号

北京市版权局著作权合同登记 图字：01-2023-5882

「雑談が上手い人下手な人」Zatsudan ga umai hito hetana hito
Copyright © Yuko Mori
All rights reserved.
Originally published in Japan by KANKI PUBLISHING INC.,
Chinese (in Simplified characters only) translation rights arranged with
KANKI PUBLISHING INC., through YOUBOOK AGENCY,CHINA

学会闲聊

作　　者：（日）森优子
出 品 人：赵红仕
责任编辑：龚　将
封面设计：末末美书
责任编审：赵　娜

北京联合出版公司出版
（北京市西城区德外大街 83 号楼 9 层 100088）
北京华景时代文化传媒有限公司发行
北京文昌阁彩色印刷有限责任公司印刷　新华书店经销
字数 89 千字　　787 毫米 ×1092 毫米　 1/32　　7 印张
2024 年 3 月第 1 版　 2025 年 7 月第 7 次印刷
ISBN 978-7-5596-7473-9
定价：49.00 元

版权所有，侵权必究
未经书面许可，不得以任何方式转载、复制、翻印本书部分或全部内容。
本书若有质量问题，请与本公司图书销售中心联系调换。电话：（010）83626929

擅长闲谈的人，能够达成人生目标，实现人生梦想。因为擅长闲谈的人能打动对方的心。他们用心去闲谈，用心去理解对方，其结果是他们越来越受人们喜爱。闲谈，是心与心的碰撞。

"成功人士"有云："没有闲谈力，就打不通成功的道路。"

闲谈在人际交往过程中如同自然现象一般，是自然而然发生的。

可以说，"人生赢家"都很重视与他人的相遇，他们接受对方的刺激，然后学习、成长，最终实现人生的梦想。

而且,擅长闲谈的人会在不知不觉中收获"心友"。所谓"心友",如字面所言,即"心灵之友"。不必相见,也能彼此心意相通、互相理解,是最强的、"真正的"朋友。而最强的、"真正的"朋友会像家人一样,给予你纯粹的支持和无条件的爱。

而这一切,都是从初次见面就开始的。想要擅长闲谈,你要主动投掷"心灵之球"。

让我们一起成为擅长闲谈的人吧!拥有闲谈的能力一定会引导你走向成功。

序 言

大家身边有这样的人吗?他们和所有人都能交谈自如,性格活泼开朗,总是精力充沛。

如果你的答案是肯定的,那么请你仔细回想一下这个人。我想,这个人给人的感觉一定很好,让大家都喜欢,看起来很幸福。

"无论什么时候见到,总是活力满满的样子,真让人羡慕啊!""怎样才能像他一样自然地和别人闲谈呢?""如果可以的话,我也想变得和他一样。"

你是不是也这样想过呢?

能和不同年龄层的人进行交谈的人，是非常棒的。这样的人，会让人想再次和他相见。

擅长闲谈，就能和对方建立相互信赖的关系，也能更顺利地推进事情，使其不可思议地朝着彼此期望的方向发展。所谓闲谈，或许其内容不值一提，看似毫无意义，但正是这些看似没有意义的话（没有目的的话），才产生了意义（实现了目的）。总之，闲谈力可以说是通往成功的桥梁。

那么，怎样才能成为一个擅长闲谈的人呢？请放心！无论谁都能轻松地拥有闲谈力。因为闲谈就像肌肉一样，而闲谈力，就是肌肉力量。肌肉力量是可以通过锻炼获得的吧？闲谈也一样，越练习就越擅长，慢慢就会获得力量。

我是一名单亲妈妈，为了生活我同时做着两份工作。白天，我在发布招聘广告的公司从事企业运营的工作，而到了晚上，我是银座一家娱乐场所的女招待。在 14 年的工作时间里，我见到了各行各业的成功人士，见证了他们走向成功的历程。

白天和夜晚的这两份工作，足足让我接触了 1000 余位成功人士。而那些"一流人士"身上都有一个共同特点，那就是闲谈力，也就是说他们都"擅长闲谈"。

在本书中，我将为大家介绍那些人生赢家，也就是所谓的"一流人士"所拥有的特长和闲谈技巧，比如如何开启一段闲谈、闲谈时说什么好。我将通过真实案例，告诉大家想要获得对方的喜爱，需要做好怎样的心理准备，以及采取怎样的态度。

谁都不是天生就擅长闲谈的。哪怕现在的你不会说话，甚至笨嘴拙舌也没有关系！只要掌握了本书中介绍的技巧和诀窍，你不仅能成为一个真正擅长闲谈的人，而且还会成为一个广受欢迎的人。

下面，我来简单介绍一下本书的内容。

本序言中，我将对擅长闲谈的人所具备的基本特征——"理解力"——进行详细的说明。"理解力"也被称为"个人能力"，了解了这种能力，就能极大提高自然地开始一段闲谈的成功率。同时，也能进一步提升你的个人魅力。请大家把阅读序言当作闲谈之前的热身环节。

第1章介绍的是开展闲谈的方法。是否率先发声和是否面带微笑，会在很大程度上影响对方对我们的印象。在强调第一印象重要性的同时，我也会用简单易懂的方法来介绍如何在10秒内给对方留下好的印象。

第2章介绍的是闲谈的内容。初次见面时，明明成功地打了招呼，但是关键时刻却不知道该说些什么。我想谁都有过类似的经历。读完本章，你将告别这种担心，变得擅长闲谈。

第3章介绍的是结束闲谈的方法。在这一章我将告诉大家如何在不失礼貌的前提下，转换话题或者结束没完没了的对话。学会以后，你将告别类似的烦恼，并且能在合适的时机转换或结束话题。

在第 4 章和第 5 章我将会通过闲谈,教给大家"让对方喜欢上自己"的方法。如果对方觉得"感觉很好""还想再见面",那就说明你成了一个受欢迎的人,这也有利于建立起彼此间的信赖关系。

最后,在第 6 章中,我会告诉大家将信赖关系落到实处的方法。信赖关系的基础是"爱"。强大的信赖关系,密切关系着工作和事情的成果。这是因为受到了"我想支持你"的心理驱动。可见闲谈中蕴含着"打动对方心灵的力量"。

请大家将本书中介绍的简单技巧和诀窍一一掌握。我想,各位会在不知不觉中,自然而然地做到闲谈自如,并获得他人的喜爱与信任、前辈的赏识、后辈的敬仰。

我真心希望越来越多的人能够享受生活的每一天,实现工作或人生的目标,拥有满满的生活动力。

请你赶快打开通向提高闲谈力的大门吧!

目录

前言

擅长闲谈的人,能够理解对方 /1

> 擅长闲谈的人

会先听完全部的内容 /2

不会从一开始就否定对方 /6

会让对方开心 /10

会以开放包容的姿态与人交往 /14

能客观地看待事物 /18

第1章

如何巧妙地开启一段闲谈 /001

> 擅长闲谈的人

10秒钟就能看透对方并留下深刻的印象 /002

会主动打招呼并加上一句真诚的问候 /005

会面带笑容主动开口 /011

会主动搭话,也会注意对方的感受 /016

看着对方的眼睛做自我介绍 /021

会重复对方的话 /027

第 2 章

寻找身边的闲谈内容 /033

擅长闲谈的人

时常关注世间事 /034

从眼前的人或事说起 /037

通过谈论刚刚或即将发生的事来活跃话题 /042

通过谈及已经发生的事,唤起对方的共鸣 /048

以光明的未来为话题,做出下一次约定 /054

不会主动涉及宗教、政治或下流言论 /059

第 3 章

如何巧妙地转换或结束话题 /063

擅长闲谈的人

不会试图勉强做出结论 /064

能通过对方喜欢的问题,巧妙地转换话题 /067

会将注意力转移到别人身上,以此岔开话题 /071

会幽默地结束话题 /077

使用手机强行结束话题 /082

第 4 章

让对方喜欢的闲谈方法 /087

擅长闲谈的人

让人觉得"这是个感觉很好的人" /088
谈话简洁,能在 30 秒内结束对话 /091
能做到不慌张、从容不迫地讲话 /096
谈及自己的失败经历,说话态度谦虚 /101
总会以积极的心态来交谈 /106
不情绪化,不让人不快 /111

第 5 章

让对方喜欢自己的闲谈方式 /117

擅长闲谈的人

会让人"想要再见面" /118
通过过度反应,适当制造"空白" /121
会展示出自己不为人知的一面,制造反差感 /127
用"有心之言"吸引对方 /132
会毫不保留地夸奖对方 /137
用数字给对方留下强烈的印象 /142

第6章

攻陷对方的闲谈方式 /147

擅长闲谈的人

会让对方感受到爱 /148

会若无其事地说"爱" /151

会夸张地说出让对方开心的事 /157

会用刺激性话语让对方心头一紧 /163

偶尔会用责备的语言"调教"对方 /168

会让人感到"命运"的主宰,而非偶然 /174

后 记 /179

前言

擅长闲谈的人，
能够理解对方

只要了解闲谈前的基本心理准备，
就能特别快速地拥有闲谈力。

· 擅长闲谈的人 ·

会先听完全部的内容

擅长闲谈的人，会从头到尾地倾听对方。
不擅闲谈的人，会打断对方。

擅长闲谈的人，无论何时都能做到倾听。
不擅闲谈的人，根据自己当时的心情决定是否倾听。

擅长闲谈的人，愿意倾听所有人。
不擅闲谈的人，会择人而听。

这是为什么呢？
因为擅长闲谈的人，会有意识地去了解对方。

倾听对方，就是接受对方。首先，要倾听全部，这样才能立刻明白对方的心情和想法。

不擅闲谈的人内心急躁，只考虑自己接下来要说的内容。或者，会因为当时的心情和谈话对象而想要马上否定对方。

即使和自己想的不一样，也会听到最后。这就是一种"理解力"。

当然，不知道对方什么时候才能说完，要没完没了地听下去，也是很痛苦的。请放心，对于这种情况的应对方法，我会在后续章节中提到。总之，"倾听全部"的姿态是很重要的。

"那人总是说'懂了懂了'，从来不听我把话说完，真的很头疼。"某工厂的董事就曾抱怨过这样一个人。

那位急性子先生30多岁，因为头脑聪明，开玩笑时风趣幽默，工作上精明强干。大概是因为他脑子转得快，所以理解得就快吧。

但是，他的"懂了懂了"非常冒失武断，经常差一点就造成麻烦。他参加答题节目，每次都不把问题听到最后就按下回答键，结果输得一塌糊涂。让人忍不住发出"他真是太可惜了"的感叹。

这位急性子的先生能够让董事如此头疼，也不无道理。要是他能意识到自己应该把别人的话听完，那么他一定能在公司里平步青云。

人们对于能够听自己把话说完的人，怀有很强的安全感和信任感。所以，哪怕对方是在吹牛，也先听他把话说完吧，即便是面对"我很牛的""我可是个人物"这种大话也应如此。

哪怕再离谱,对方应该也不会说上几个小时的。一边想着"我一定不能这样",一边认真听完就可以了。"倾听全部",无疑就是擅长倾听。

> **擅长闲谈的一个要点**

不管是谁,不管说的是什么,都要全部听下去。

· 擅长闲谈的人 ·

不会从一开始就否定对方

擅长闲谈的人,会让对方更容易和自己交谈。
不擅闲谈的人,会让对方不愿再说话。

擅长闲谈的人,很坦率。
不擅闲谈的人,很别扭。

擅长闲谈的人,会提出建议。
不擅闲谈的人,会说教。

这是为什么呢?
是因为擅长闲谈的人,会把对方的感受放在首位。

在前一节中我说明了"听对方把话说完"有多么重要。听完后，擅长闲谈的人，首先会表示赞成——"是这样的啊""我明白了"，即使对方说的内容和自己想的有出入，也会先对对方的话表示肯定。

不擅闲谈的人，总是优先以自身的标准去衡量别人，所以会马上否定对方。比如，在宴会会场上，表演者正在演奏古典音乐。

"古典音乐令人心静，真好。"
"是吗？我倒觉得爵士乐要好听得多。"
如果初次见面就听到了这样的回答，怎么可能会给对方留下好印象呢？

"是啊，古典音乐确实不错。不过爵士乐我也很喜欢。"

换成这种回答，首先让人感到你们在"古典音乐不错"这件事上产生了共鸣,对方会认为你是个好相处的人,或许你们还会因此热烈地讨论起音乐相关的话题。

再比如,会场里的大桌子上摆放着玫瑰花束。
"果然还是玫瑰好看啊!"
"但是玫瑰有刺,我不怎么喜欢。"
像这样马上就否定对方的人,才是真的"有刺"吧。

"是啊,玫瑰真好看啊。不过百合也很漂亮,对吧?"
如果能这样回答,你们就会热烈地讨论起鲜花相关的话题,闲谈的"妙语之花"也会在会场中精彩地绽放。

另外,那些能够持续成长进步的公司的董事、老板,或者其他领导,也都会考虑到员工的感受。他们在定期进行的谈话中会加入闲谈,认真听取每位员工的心声,不会一上来就开始说教,而是先认可、肯定对方,随后再提出"这样做如何"的建议。

无论处于何种情况下都要清楚，对方和我们一样，也是人。人，会对懂得自己内心感受的人感到安心，向他们敞开心扉。所以，首先要向对方说"Yes"，这样对方才会感到自己"得到了理解"。

擅长闲谈的一个要点

不要从一开始就否定对方，而是赞成、肯定对方的话。

> ·擅长闲谈的人·

会让对方开心

擅长闲谈的人，有自己喜欢的搞笑艺人。
不擅闲谈的人，对搞笑节目无感。

擅长闲谈的人，喜欢过去当面点菜的回转寿司。
不擅闲谈的人，喜欢现在触摸屏点菜的回转寿司。①

擅长闲谈的人，对方优先。
不擅闲谈的人，"老子第一"。

这是为什么呢？
因为擅长闲谈的人，会顾及他人的感受。
他们分享快乐，会因为对方的笑容而倍感幸福。

---

① 指过去顾客都是当面点菜，现在大多数人都是用触摸屏点菜。——译者注

与各行各业的管理者闲谈时，我有一个必问的问题："您没有时间看电视吧？"

出乎意料的是，大多数人回答"有时间"，而更令我惊讶的是，他们最常看的节目是搞笑节目；并且，他们都有自己偏爱的搞笑艺人。

"看完体育新闻，在视频网站看一看现在最火的搞笑节目再睡，能消除一天的疲劳。"

"看休息日录的搞笑节目，我总会笑出声。"

让我意外的是，他们常看的不是经济新闻或纪录片，而是搞笑节目。（其实我也是搞笑节目的忠实观众。）

经常听很多人说喜欢2016年下半年在世界上爆红的"Piko太郎"的视频，还有2015年"请放心，我有穿哟"中活泼的安村、"够犴野吧"的阿杉，以及"不行啦，不行不行"的搞笑组合"日本电气联合"。

看来，能让人一下子就笑出来的纯搞笑段子很受欢迎。

说起笑话，就要提到寿司店老板。而说起寿司店老板，就不得不提一位至今都令我记忆犹新的知名寿司师傅。最近倒是很少见到这位寿司师傅，不过以前他在表参道的一家名叫平禄的回转寿司店里工作。并且，凡是找他点菜的客人，没有一个不会被他逗笑的。

"我要墨鱼寿司。"

"好的，墨鱼是吧，好吧！"

"我要油炸豆腐寿司。"

"好的，全听您的！"

"我要鱼鳍肉。"

"好的，在走廊打个盹吧。"①

虽说只是冷笑话，却能让周围的顾客一起笑出声来。

他是一位满怀服务精神、充满幽默感、具有高超闲谈力的寿司师傅。有时我很想知道"如果点这道寿司，他会说出什么样的冷笑话来"，为此我去挑战自己并不喜欢的食材，结果他果真把我逗笑了。

---

① 在日语中，"好吧"与"墨鱼"发音相似，"全听您的"与"油炸豆腐寿司"发音相似，"走廊"与"鱼鳍肉"发音相同。——译者注

"在回转寿司中能够学会服务。只是看着师傅们动手做寿司、回答客人、和伙伴们交流就已经很有趣了。"带我去那家寿司店的常客经常这样说。

不过最近,越来越多的人开始在触摸屏上点菜了。可我还是更喜欢以前的那种点菜方式:当想吃的寿司不在回转轨道上时,才能感受到自己和寿司师傅之间的距离感;抑或是当错过了想吃的寿司、被斜前方的人抢先一步拿走时,会产生输了比赛一样的感觉。

是想把"笑容"送给别人的感觉。
是想把"好心情"送给别人的感觉。
在日常生活中,即使在微不足道的场合当中,也能用对方优先的视角看待事物,那才是真真正正的奉献精神。

擅长闲谈的一个要点

请试着思考一下让对方开心的办法。

·擅长闲谈的人·

会以开放包容的姿态与人交往

擅长闲谈的人,总是打开心扉。
不擅闲谈的人,总是怀有戒心,锁上心门。

擅长闲谈的人,不会觉得对方难以相处。
不擅闲谈的人,对人挑三拣四。

擅长闲谈的人,与对方保持适当的距离。
不擅闲谈的人,与对方保持过度的距离。

这是为什么呢?
是因为擅长闲谈的人,即使初次见面也会完全地展现自己。

擅长闲谈的人，会原原本本地展现自己——"我就是这样的人"。当然了，绝不是那种让对方不舒服的暴露方式。因为他们知道，自己率先打开心扉，对方才会更容易打开心门。

不擅闲谈的人，主动封闭了自己的内心，就像给自己设置了一道坚固的栅栏，或者像面对强台风突然来袭一样充满防备，所以对方自然也会紧锁心门。

近来，越来越多的公司不再设置社长办公室。社长的办公桌或者在同一楼层最靠边的地方，或者是在一个透明的玻璃间中，让人能从外面看得一清二楚，并且大多数时候办公室的门也是开着的。

"只有在公司的时候才能和员工们交流，这样做也是为了让他们更容易找我说话。"

能说出这种话的社长，似乎也更容易受到下属的爱戴——"社长是一个开放包容的人，经常主动找我们说话，大家向社长汇报工作或与他聊天的时候也都没什么负担。"

当然，身为管理者，他们也有对待工作严肃认真的一面。而且，社长这一身份，本来就是让人觉得难以接近的存在，社长如果总是保持沉默，就只会令人觉得害怕。所以为了制造出适当的距离感，他们干脆把办公场所搞得更"通畅"一些。不过可以确定的是，在开放办公室之前，这些社长的内心已经对所有人开放了。

成年人步入社会后，不可避免地要和各种各样的人打交道，和所有人都相处好，是极为困难的。不擅闲谈的人通常有明确的好恶，而这也常常成为他们与人交往的障碍。

但如果从一开始就能做到没有相处障碍，就能切实地改善这一问题。

在与成功人士接触的过程中，我意识到不应对人抱有先入为主的成见。即使在觉得"这人或许不好相处"时，也要摒弃这种成见，从零开始与对方交往。以开车打比方，这就如同开车前要挂上空挡一样。

同样，当觉得对方"很好相处"的时候也是如此。不要突然"加速"去接近对方，而是先把内心"挂回空挡"，再一点一点"加挡前进"。擅长闲谈的人，就是这样控制与对方之间的距离的。

成功人士共同的特质之一，就是他们都不怯场。这不仅是一种态度，更是内心的博大。

这是张开双臂，理解、接受一切的开放包容的姿态。我觉得正因为他们拥有不动摇的自我，那种"挂回空挡"的姿态反而成为了他们的个人气质，因此才会吸引别人。

擅长闲谈的一个要点

试着彻底打开心扉。

· 擅长闲谈的人 ·

能客观地看待事物

擅长闲谈的人,能够以长远的眼光看待事物。
不擅闲谈的人,很快就选择放弃。

擅长闲谈的人,认为自己也是有责任的。
不擅闲谈的人,将责任推给他人。

擅长闲谈的人,玩就玩得尽兴。
不擅闲谈的人,不了解娱乐和成功的关系。

这是为什么呢?
是因为擅长闲谈的人,总是全面地看待事物。

成功人士把每天的日程安排得很满，因此，他们不制订难以实现的计划。而且他们会切实、稳步地实现自己的目标。比如，如果想要提高英语口语，成功人士通常会制订一个 5 年左右的学习计划。

不擅闲谈的人则会短期地考虑问题，不到 3 个月时间就会觉得"我不适合学英语，不学了"，继而选择放弃。于是，他们做什么事都是半途而废。而且，每当遇到麻烦，他们往往不会全面地判断分析，而是将问题归咎于他人。

曾经有一位建筑行业的社长，他的话让我产生了深深的共鸣："领导身上，最重要的是看他是否具有客观看待事物的能力。虽然领导他人的能力是很重要的，但是不可以主观行事。出现问题后，要认真聆听身边人的声音，找出原因，反省自己是否也有责任，综合考虑问题之后再寻找解决方法。这种思考意识是很重要的。"

不愧是建筑行业的社长,发言也很有"建设性"。深受信赖的成功人士,从不一股脑儿地把责任推给别人。不仅是商务领域,在体育比赛或演艺行业等需要团队合作的工作当中,也是一样的。朋友之间、"妈妈友"①之间、亲子之间,也都需要这种意识。

对事情有了整体把握之后再进行判断,这样做是很有说服力的,也会让人感到心情愉快,心情越是愉快,越是可以快速解决问题。其关键就在于内心要从容。内心从容,就能使人足够冷静、客观地看待事物。

那么,那些人是怎么做到内心这般从容的呢?因为他们深谙"玩要玩得尽兴"的道理。对工作、对娱乐都认真的人,肯定会成功。

所谓认真,就是要一本正经地去做。

---

① "妈妈友"是指那些有年幼孩子(多为幼儿园、小学生)的母亲间的朋友交往。——译者注

无论是在工作日还是休息日，我们每天都应无差别地全力以赴。即使不能喝酒也可以去参加宴会，即使舞跳得不好也可以去俱乐部，可以在柜台和调酒师聊聊天，或者偶尔结交一些新朋友。听一首老歌，跳舞跳到尽兴，为明天充好电……无论哪一项，我们都该认真去做。

成年人的娱乐方式中暗藏着许多值得学习的地方，那是学校和职场绝对不会教给你的。活泼的人、阴沉的人，嗓门大的人、嗓门小的人，吵闹的人、安静的人，优雅的人、下作的人，通过与各种各样的人相遇，获得与各个年龄段的人交流的能力，而后自身的社交能力和灵活应变能力就会逐渐增强。这么做，有时甚至会帮你获得工作上的机会。

掌握了恰当的分寸感，在任何场合下对自己都是有好处的。

这会让我们在任何场合和情境下，都拥有镇定自若的自信。这种自信，会给内心带来从容，而内心从容了，人就能客观地看待事物了。

> **擅长闲谈的一个要点**

认真去玩吧！尤其是单身人士，有大把的时间，希望你们能玩得尽兴！

第 1 章

如何巧妙地开启一段闲谈

凡事事前的准备都很重要。
闲谈也是如此,要提前做好准备,
以便给对方留下"良好的第一印象"。

· 擅长闲谈的人 ·

10秒钟就能看透对方并留下深刻的印象

擅长闲谈的人,即使是初次见面也能大方自然地展开闲谈。
不擅闲谈的人,初次见面时会表现得不自然。

擅长闲谈的人,会给他人留下合格的第一印象。
不擅闲谈的人,不懂得第一印象的重要性。

擅长闲谈的人,懂得如何向对方展示自己。
不擅闲谈的人,不思考如何展示自己。

这是为什么呢?
因为擅长闲谈的人,已经做好了闲谈相应的准备。
不擅闲谈的人,准备得不够充分。

拿赛跑来说，这就是"各就各位，预备，跑"中的"各就各位"阶段。如果这里出了差错，要么会导致抢跑，要么起跑会慢半拍。

闲谈也是如此。

事先有没有稍作准备、下功夫，可能会影响闲谈能否自然而然地开始。

那么事前要作哪些准备呢？

要"给对方留下良好的第一印象"。

迄今为止我所接触的企业家们，都说过同样的话：

"我10秒钟就能看透一个人。"

那些三四十岁就离开公司开始独立创业的企业家，他们在获得成功之前，都历经艰辛，并且与许多上流人士保持往来。

因此，他们拥有能在一瞬间看透他人的眼力。

那么，10秒钟内到底要看什么呢？

"刚见面时看对方是否心情愉快地打了招呼，眼睛看向哪里，我说话的时候对方是否在认真倾听。这些都只要 10 秒就能明白。"

这就是所谓的第一印象啊。

企业家们都说，第一印象正是推断人品的重要切入点。并且，据说这些要点大多都说中了。

只要 10 秒，这真是恐怖啊。
可见第一印象有多么重要。

那么，如何在短短 10 秒钟时间里"给对方留下良好印象"呢？

别担心。

试一试第 1 章介绍的办法，你展示出来的第一印象一定会非常好。

擅长闲谈的一个要点

谨记第一印象的重要性。

> 擅长闲谈的人

会主动打招呼并加上一句真诚的问候

擅长闲谈的人,一见面就能营造良好的氛围。
不擅闲谈的人,一见面就试图让对方营造氛围。

擅长闲谈的人,眼神交会时,马上会主动开口说话。
不擅闲谈的人,即使四目相对也等着对方先开口。

擅长闲谈的人,会主动、大声、热情地打招呼。
不擅闲谈的人,打招呼只会小声地鹦鹉学舌。

这是为什么呢?
因为擅长闲谈的人,不会错过眼神交会的瞬间。

擅长闲谈的人从即将（或想要）说话的人进入自己的视线范围时，就会关注对方，等待对方开口的那一刻（或眼神相交的瞬间）。

那个瞬间一到，就会热情主动地跟对方打招呼说"早上好！""你好！"

而不擅闲谈的人，会故意避开眼神交会的瞬间。

即使明知对方正朝自己走来，也会假装不知道的样子，眼睛看向别处。

等对方主动和自己搭话后，再像蚊子一样小声地回应"早上好""你好"。

擅长闲谈的人，打招呼时会加上一句问候：

"早上好，初次见面。"

"早上好，真是一个神清气爽的早晨啊！"

"你好，今天的花粉真是不得了啊！"

明知彼此是第一次见面，也会加上"初次见面"。

尽管明知是人人都感受得到清爽的早晨，也会说上一句"真是令人神清气爽的早晨啊"。像花粉很严重这种事，新闻上也是看得到的，虽然尽人皆知，仍会特意加上这么一句。

多说一句，对方会很容易接住话题。

这样一来，对方就会回答道：
"彼此彼此，请多关照。"
"早上好，这确实是个舒服的早晨啊！"
"您好啊。对患有花粉症的我来说，今天好像又是要遭罪的一天啦。"

而不擅闲谈的人，说完"早上好""你好"就结束了对话。

虽然这样问候对方并没有过错，但是这种方式实在太过于普通了。

至少，像擅长闲谈的人那样把话题持续进行下去的可能性会降低。

我在银座工作的时候从客人那里听过这样一个了不起的故事。

"我30多岁的时候接管了一家持续亏损的店铺。那时候我拼命工作，但我手下5名20多岁的年轻人都不善言辞、毫无朝气。这样下去是不可能给客户留下好印象的。尽管如此，我还是在半年之内实现了扭亏为盈。"

这是他在机器制造厂工作时的故事。总之，他每天都会拖着5个人到商业街上挨家挨户地打招呼。

"早上好。我是最近刚到这附近工作的，想要稍稍经历一些社会历练。"

"你好，你们这店开多久了？"

"你好，你们店里的热卖菜单是什么？"

首先，所长亲自给大家做示范。

听说5个下属一上班就开始互相打招呼，几周以后就完全能够单独采取行动了，他们到访花店、蔬菜店、电器店，渐渐成了商店街的熟面孔。

"不用递名片。只让他们练习主动热情地打招呼，再加上一句问候。说什么都行，而多说的那一句，会给对方留下印象。"

后来，5个人都很积极地拜访客户。

营业额也在半年内转亏为盈，并在之后的几年持续盈利。因为这份业绩，所长被一家大型公司挖走，出任社长。

这时，越来越能干的5名销售员也因为"要跟随所长一起辞职"，而引发了相当大的轰动。

这个故事也暗藏着另一个关键点。

那就是擅长闲谈的人，需要一定的坦诚。

除了"早上好""你好"这些礼节性的问候，也需要"我想稍稍经历一些社会历练""你们这店开多久了"，加入诸如此类的日常内容，可以化解谈话中的生硬感。

而不擅闲谈的人，即使聊到最后也还是紧张僵硬。

"我是来积累社会经验的。"

"您是从什么时候开始经营这家店的?"

不由得给人留下死板的印象。

另外,如果过于直言不讳,则会让人觉得不懂礼数:

"你早啊""哈喽啊"。

第一次见面可不能这样。

总之,注意不要走极端。

关键在于,第一声要由我们主动开口。

> 擅长闲谈的一个要点

要"有礼貌地打招呼"并"加上一句让人觉得真诚的问候"。

· 擅长闲谈的人 ·

会面带笑容主动开口

擅长闲谈的人,会发自内心地微笑。
不擅闲谈的人,会不自然地假笑。

擅长闲谈的人,彼此眼神交会之前,嘴角就已上扬。
不擅闲谈的人,眼神交会前嘴角一直向下。

擅长闲谈的人,彼此眼神交会的瞬间就会露齿微笑。
不擅闲谈的人,即便四目相对也依旧面无表情。

这是为什么呢?
因为擅长闲谈的人,从即将(或想要)说话的人进入自己的视线范围时,嘴角就已经上扬了。

嘴角上扬，其实就是淡淡的微笑。

他们的微笑，就像大家所熟悉的黄色圆脸"Smiley"的形象。

正因为做好了微笑的准备，才能在与对方四目相对的瞬间，自然而然地露齿微笑。

不擅闲谈的人，笑的时候需要把向下的嘴角变成"一"字形，然后才能做出"Smiley"般的笑容，所以他们需要更多的时间。

而且，虽然已经对视，但嘴角刚刚变成"一"字，继续笑下去肌肉会不自然地抽动，笑容也就变得不自然。

结果就是给对方留下不热情的第一印象。

人的本能是避暗趋光，会倾向于奔向那些有着太阳般灿烂笑容的地方。

有这样一则趣事。

一位从事医疗咨询行业的社长和他的下属，一同参加了某个活动。

这位社长是浓颜系长相：眉毛很粗，身体也很结实。怎么说呢，面容可能有些可怕。

不过，他总是面带微笑。

而他的下属则正好相反：身材瘦小，看起来很温和，但却没什么表情。

主办方致辞结束后，当社长打算径直走向自己想要打招呼的那个人的时候，就有人迫不及待、面带微笑地从他斜前方走了过来。

然后，那个人满面微笑地问候社长，很快两人便开始了闲谈。

没多一会儿，社长身边就围满了想要和他说话的人。闲谈告一段落后，社长看准时机，又走向了最初想要打招呼的那个人，还叫上了为了掩饰孤单一直端着自助餐盘的下属。就这样，三个人开始了闲谈。

擅长闲谈的人，很快就能找到同伴。

那么，为什么这位社长能够把别人都聚集到自己身边呢？

"像我这个粗犷的长相，如果不是全天都笑的话，是没人愿意接近我的。"

这位如此谦逊知礼的社长，也曾有过烦恼。

"以前'酱油脸'①很流行，对吧？但我的脸怎么看都不只是'中浓'，而是'浓油赤酱'的长相。所以我曾经认真地思考过怎么才能给对方留下好的印象。每天我对着洗脸池的镜子，研究自己的脸。最终我明白了，最好的方式就是尽最大可能扬起嘴角，露出笑容，于是就有了今天的状态。"

说起来，到现在我从没见过哪家蒸蒸日上的公司的社长是个不爱笑的人。

---

① 酱油脸是指清淡简单、典型的日本人容貌，具有眼角狭长、鼻梁高挺、面部整体纤瘦小巧等特征，给人清爽之感。——译者注

即使是聊一些严肃的话题，他们的眼睛也会不可思议地始终微笑着。

嘴角一上扬，眼睛就会自动地跟着笑起来。

请大家一定要试一试。

嘴角上扬，眼睛不可能是愤怒的。

如果有，那也是极难做到的事情。

想象一下在镜子前研究自己长相的社长，真是令人忍俊不禁。（笑）对于自己的外在形象，他曾如此努力研究啊。

笑容蕴含着吸引所有人的神奇能量。

没有人会对笑眯眯的人感到不快。

擅长闲谈的一个要点

给对方留下良好第一印象的要点："有礼貌地打招呼"+"真诚地问候"，还要加上"笑容"。

第 1 章　如何巧妙地开启一段闲谈

· 擅长闲谈的人 ·

会主动搭话，也会注意对方的感受

擅长闲谈的人，会察言观色。
不擅闲谈的人，不会察言观色。

擅长闲谈的人，够机灵。
不擅闲谈的人，呆呆的。

擅长闲谈的人，会耐心等待。
不擅闲谈的人，总是横冲直撞。

这是为什么呢？
因为擅长闲谈的人，一直在关注着对方。
在开口说话前，他们就已经看清楚对方现在是否方便说话。

不仅是工作上的聚会，甚至在私下的聚餐中，如果对方脚步很快，或者一直拿着手机，一副"现在不要和我说话"的样子，并且这时对方并没有注意到自己，擅长闲谈的人会先安静地走开，远远地关注着对方。

如果对方与自己对视，先点头致意，说："看您很忙的样子，稍后我再找您聊。"

如果能这么做，对方就会认为你是个机灵的人。

有时，对方再来打招呼时还会特意加上一句"刚才不好意思了"。

不擅闲谈的人，不会观察当下的氛围，冒失地去接近对方，也不会顾及对方现在很忙。

他们总是呆呆的，马上就开始和对方说话。

结果，就被贴上了不会察言观色的标签。

而且，不擅闲谈的人性格急躁，他们不能等。

例如在宴会会场上，尽管对方说了"现在很忙，稍后我再找您聊"，但是他们只要一看见对方就会直冲上前去搭话。

所谓"心急吃不了热豆腐"。

尤其是初次见面时，还可能会因此被对方疏远。

这是因为人都有这样一种心理：被追得越猛，就越想逃。

所以，大家要注意了，停止横冲直撞。STOP！

擅长闲谈的人，如果对方说"等一等"，他们就会等。

即使等到最后的最后，也会面带微笑和对方打招呼。

因此会给人留下良好的印象。

就算左等右等，一直等到最后，也没能和对方说上话，他们也只是觉得这是没有办法的事，会认为这次只是没有缘分而已。

那么，如果对方看起来不忙的时候如何搭话呢？

认为现在正是说话的好时机，于是就急切地、愣头愣脑地冲上去，会这么做的果然还是不擅闲谈的人。

擅长闲谈的人，会在不慌不忙、从容不迫地接近对方之后，跟对方打招呼。

并且直到谈话的最后，都会一直关注着对方的情况。

我注意到这样一件事：

即使在对方不忙的时候，擅长闲谈的人或者成功人士，在正式搭话前，一定会说这样一句话。

大家猜猜是什么话？

"您现在，方便和我聊聊吗？"

无关彼此的立场或年龄，哪怕是熟人，他们也会这么说。

对方听了之后，大多会回答："方便呀。"

看见对方这么在乎自己的感受，谁都会感到高兴的。

至少，不会觉得讨厌吧！

即使对方正在忙，也会停下来，倾听你的诉求。

当然了，如果对方真的非常忙，就会像前面提到的那样，说："稍后，我会找您聊。"

打电话的时候也是如此。

擅长闲谈的人一定会问对方："我是××，您现在方便接听电话吗？"

对于看不见的对方,我们首先要问一问对方的情况。这就是要为对方着想。

尤其是打电话的时候,我们无法看见对方。

对方可能会认为我们有急事,就急急忙忙地接听了电话。

也可能对方是在不禁止使用手机的地方,接听了我们的电话,比如在还没上电车、公交车之前,或是在便利店买东西的时候,等等。

无论什么时候,都要问清楚对方的情况再开始说话,这是很重要的。

擅长闲谈的一个要点

问"您现在方便吗",多为对方考虑。

· 擅长闲谈的人 ·

看着对方的眼睛做自我介绍

擅长闲谈的人,能直视对方的眼睛 5 秒。
不擅闲谈的人,1 秒就会移开视线。

擅长闲谈的人,有着坚毅的目光,会用力地握手。
不擅闲谈的人,这些都做不到。

擅长闲谈的人,一开始就会主动握手。
不擅闲谈的人,到最后了才要求握手。

这是为什么呢?
因为擅长闲谈的人,会尽可能地"让对方感到安心"。

开始闲谈时最重要的是，给对方一个好印象。

为此，我已经说明了率先发声和面带笑容的重要性。

然后，在判断对方方便谈话之后，进行自我介绍。

所谓的自我介绍，就是字面意思，介绍自己、自报姓名。

名字，是最重要的个人信息。

对方也会因为得知了你的重要信息而倍感放心。

也就是说，这样做消除了对方的戒心。

此外，自我介绍时最重要的是"眼神"。

认真注视对方，就能够展示出自己真诚的态度。

或许有人会疑问：一直盯着对方，不会让人家感到害怕吗？

不会的！你多虑了。因为，你的脸上还有笑容。

如前面所言，嘴角上扬，露出微笑时，无论眼神如何，眼睛都不会显得愤怒。

或许还有人抱有疑问：一直盯着对方，对方会不会误以为我对他有意思？

请放心，不会的，这只是你的自我意识过剩。

因为你的眼睛看起来炯炯有神。

眼睛有神，就会显得坚毅。

而目光坚毅，会使人眼前一亮，让人觉得"这是一个自信、果敢的人"。

不擅长闲谈的人，可能是因为自身有消极倾向，不会主动说出自己的名字。

甚至还会觉得：就这样做一个无名氏也挺好的。

并且，刚与对方眼神触碰，就会马上转移视线，因此也没什么眼神可言。

自我介绍时的眼神，是有含义的：

"请您了解我。同时我也想了解您。"

眼睛和嘴巴一样会说话，能很好地传情达意。

那么,直视多久为好呢?

不多不少,5秒正好。

下面我来讲一个曾给我留下最好印象的一位男士的故事。

在那一瞬间,我内心觉得"我想和这个人说话"。

这位男士是一家酒店的经理。

或许有人会说:

"原来是酒店经理呀,这对他们来说不是很正常的吗?"

但实际上并非如此。

有的人明明在高端酒店工作,但很遗憾,他们的待客方式却让人怀疑其是否真的是专业的酒店从业者。而有些酒店从业人员即使在很小的商务酒店工作,他们的服务却是极佳的。

总之,这里讲的还是前言中介绍过的"内心是否从容"的问题。

我和这位经理第一次见面,是在一场与工作有关的活动上。

"你好,初次见面,今天可真热啊。"

他带着微笑,主动向我打招呼。那一瞬间,他的眼睛变得炯炯有神起来。

"我是××。今天真是谢谢您了。"

他认真地注视着我的眼睛。

而他的话,就像鲜红的印章一样盖在了我的心上。

一瞬间我便记住了他的名字。

之后,我观察了这位经理和别人打招呼时的样子,计算了他眼神的聚焦时间。

"我是××。今天真是谢谢您了。"

1、2、3、4、5。

5秒。

并且,在这5秒里,他同时做了另一件事——握手。

说起来,擅长闲谈的人,在自报姓名时就会主动握手。

十多年前，一位30岁出头的男性与我第一次见面时，就主动跟我握了手，如今他40多岁，已经做到了公司管理层。我至今仍然记得他的握手是那么有力量感。

时至今日，对日本人来说，或许握手还是难以为人们所接受。

虽然，很多人在彼此见面的最后，一边嘴上说着"今天多谢您"，一边伸手想要握手。但他们的握手都很有顾虑、太无力了……

如果到了最后能够好好握手的话，那还是从一开始就认真地握吧。

> 擅长闲谈的一个要点

主动自我介绍，坚定地注视着对方的眼睛。尝试目光保持坚毅，握手具有力量感。

· 擅长闲谈的人 ·

会重复对方的话

擅长闲谈的人,能切换心灵开关。
不擅闲谈的人,原本就没有心灵开关。

擅长闲谈的人,富有谦让精神。
不擅闲谈的人,从不退让。

擅长闲谈的人,懂得"回声交流"。
不擅闲谈的人,左耳进,右耳出。

这是为什么呢?
因为擅长闲谈的人,能分清次序。

所谓对话，必须要有对象才能成立。

一直自言自语是很奇怪的。

我们主动开口做自我介绍之后，就相当于交出了接力棒。

这时，就该对方做自我介绍了。

以棒球为例，就是一局比赛的前半局和后半局。

如果前半局进攻，那么后半局就会转为防守吧？

交流和打棒球是一样的。

自我介绍结束之后，一定要迅速切换心灵开关，切换为"倾听模式"。通过稍留间隙、切换到"倾听模式"，对方就会意识到"啊，轮到我了"。

不擅闲谈的人，做不到这一点。

或许他们太想让别人了解自己了，所以即使对方没问，也会滔滔不绝地介绍自己，结果以进攻姿态结束了谈话。

口若悬河般地说到最后才想起来问："对了，您的名字是？"但这早已为时过晚。

此时对方已经听累了，没有力气再说了。
如果是在闲谈正式开始前就变成这样的话，是非常不可取的。

如果没有心灵开关，交流就会失衡。
自我介绍中最重要的就是与对方的协调和平衡。

那么为了保持这种平衡，我们该怎么做呢？

一位记者，同时又是深受学生喜爱的教授，曾教过我这样一个办法。

"就像玩跷跷板一样。这次自己被翘得高,下次就让对方被翘得高。而为了让对方被翘得高,自己必须降低。重点是有'谦让精神'。如果能明白这一点,彼此就能在和谐的气氛下互相介绍自己了。"

我恍然大悟。
"跷跷板!"
就像是坐在跷跷板上的那种平衡感。

举一个极端的例子。想必大家都有过类似的经验:当你走在人来人往、摩肩接踵的街道上,如果始终径直走,总会觉得马上就要撞上别人。

这时,一般会出现两种人:一种人会迅速给你让路,另一种人则坚决不让。当然,前者的平衡感更胜一筹。

我们言归正传,如果能切换到"倾听模式",对方就会开始做自我介绍。

注意不要忘记，要认真倾听。

这时的关键在于，重复对方说的话。

"我叫××。在 A 公司工作。"
"×× 先生 / 女士是吧，您在 A 公司是吧。"

这样做就 OK。

重复对方的话，对方会感到愉快。他们会觉得：

"他在认真听我说话，还记住了我的名字。"

我把这称为"回声交流"。

尤其是在第一次见面时，做自我介绍的时候能够认真重复对方说的话，就会给对方留下良好的印象。

不仅如此，把耳朵听到的用嘴重复一遍，也能使自己记得更清楚。

这真是一石二鸟。

通过"回声交流",后续的闲谈能进行得更顺利。而且,还有可能促成下次见面。

擅长闲谈的一个要点

切换到"倾听模式",重复对方的话会给人留下良好的印象。请大家化身为"复读机"。

第 2 章

寻找身边的闲谈内容

便于对方接住的话题,
在日常生活当中俯拾皆是。

· 擅长闲谈的人 ·

时常关注世间事

擅长闲谈的人,总是竖起接收信息的天线。
不擅闲谈的人,无论何时都置身事外。

擅长闲谈的人,对于新信息十分敏感。
不擅闲谈的人,会忽略各种各样的信息。

擅长闲谈的人有上进心。
不擅闲谈的人安于现状。

这是为什么呢?
因为擅长闲谈的人,永远充满好奇心。

您知道全球广受好评的电影《好奇的乔治》吗？

影片讲述的是一只充满好奇心的小猴子乔治的故事，它总是好奇"这是什么，那又是什么？"。

它什么都想知道，总是东张西望。

因为过分热衷于冒险，它偶尔会犯一些可爱的错误，但也因此获得了丰富的知识。

可以说乔治是一只具有闲谈力的小猴子。

从某种意义上讲，擅长闲谈的人，就是"人类乔治"。

他们常常竖起自己的"天线"。

在车站的站台里，他们总是看向那些巨幅宣传海报，或者电车吊环上有关展览会或新书的介绍，抑或是周刊杂志、月刊杂志上刊登的广告。

他们在自己180度的视线范围里，毫无遗漏地观望和眺望。

即使是在通往检票口的上行电梯上，他们的目光也总是追随着墙上的海报。

不擅闲谈的人，总是置身事外。

在电车里,他们无论是站也好、坐也好,总是在睡觉。

在通往检票口的上行电梯上,他们总是呆呆地望着下行的人群。

他们会把日常新闻当作背景音乐,粗略地扫一眼晨报,心满意足地觉得"今天的信息收集就到此结束啦"。

擅长闲谈的人,常怀一颗进取心,想要提升自己。

所以,他们乐于挖掘新闻或报纸上没有出现的信息。

而他们知道的越多,在闲谈中就越顺利。

车站和电车的车厢,都是信息的宝库。

不局限于早晨的固定路线,随时随地竖起天线,这才是最重要的。

擅长闲谈的一个要点

时常有意识地关注世间事和人们的生活方式。

· 擅长闲谈的人 ·

从眼前的人或事说起

擅长闲谈的人,从所见入手。
不擅闲谈的人,从知识入手。

擅长闲谈的人,聚焦于眼前之物。
不擅闲谈的人,所想游离于实际之外。

擅长闲谈的人,能发现日常的乐趣。
不擅闲谈的人,在日常之外寻找乐趣。

这是为什么呢?
因为擅长闲谈的人,都具有观察力。

互相做过自我介绍后，就开始闲谈了。

首先，最自然的做法是从正在发生的或眼前所见的事物开始说起。

比如，在一个聚集了几十人的会场里。

"这真是漂亮的会场啊！"

"好多人啊，真热闹！"

像这样，看到什么、想起什么，就说什么。

这样一来，对方也容易接住话题。

"这真是很棒的地方啊！天花板也很高，吊灯也很漂亮。"

"是啊，没想到会来这么多人。"

聚焦于眼前的事物就够了。

"今天的自助餐品种可真多啊！"

"是啊，有水果也有蛋糕，好期待啊。"

"你最喜欢哪一个？有什么喜欢和讨厌的吗？"

像这样开始对话，就能自然而然地谈论起美食或美酒了。

不擅闲谈的人，会想让别人知道自己是个知识分子，以此作为谈话的开始。

"你知道吗，当时A公司和B公司的承包人都争着要建这栋楼。"

"既然来了这么多人，不如用隔壁车站C酒店的××会场啊。"

突然说起这些，对方也会语塞。

会用"我不知道""是吗"结束彼此的对话，闲谈也不会有什么后续。

擅长闲谈的人，连日常小事也会觉得有趣。

比如，附近开始施工，他们会发挥想象："这是在建什么，是公寓还是便利店呢？"甚至还会亲自到现场去看一看，如果建成了一家餐厅或咖啡店的话，还会想

"下次一定要去尝一尝"。

不擅闲谈的人，没有孩童般纯粹的好奇心。

他们或者去高级餐厅吃饭，或者斥巨资去国外旅游，似乎总是在一些非日常的事情中寻求乐趣。

另外，拥有闲谈力的人，对对方的小伤口都十分敏感。

看到对方的指尖贴着创可贴，会直接问："这是怎么了？"

"这个吗？被纸割伤了。"

"指尖被割伤很疼的，你还好吗？"

"谢谢关心，我经常被纸割伤。"

"我知道一个很好的创可贴，能让伤口很快愈合。"

"是吗？我好想知道是什么样子的。"

"便利店就有卖的。价钱好像是……"

像这样，可以把自己知道的信息告诉给对方，从而推进彼此的闲谈。

当然，从对对方的印象说起也是可以的。

"您的领带颜色真好看啊！"

"您的衣服真漂亮！"

从一开始就被人夸奖，没有人会不喜欢吧。

总之，可以先从眼前的人或事说起！

擅长闲谈的一个要点

闲谈，请试着把"现在"的事情当作话题吧。

· 擅长闲谈的人 ·

通过谈论刚刚或即将发生的事来活跃话题

擅长闲谈的人,从最近的记忆聊起。
不擅闲谈的人,连3分钟以前的事都想不起来。

擅长闲谈的人,会像现场直播一样进行实况转播。
不擅闲谈的人,像录像一样不会生动再现情景。

擅长闲谈的人,喜欢热门消息。
不擅闲谈的人,冷漠地假装自己知道。

这是为什么呢?
因为擅长闲谈的人,能迅速提出让对方快速产生印象的话题。

当谈论非眼前的事物时，最合适的选择是距离"现在"最近的消息。

因为刚刚的记忆，能和对方共享的可能性更高。

"××线停运了，到这里来花了我更多的时间。"

"唉，昨天晚上喝得太多了，所以今天肚子就有点……"

听起来感觉他或许今天也有可能在某个地方，和某个人喝一杯吧？

和对方见面之前发生的事，虽然已经过去，但却是距离现在最近的事。

我把这叫作"半过去"。

可以想象一下，以现在为时间轴，大约就是"刚才""今早""昨晚"的感觉。

原本"半过去"是法语语法中的一种说法，不过，时间框架的概念说起来稍有些复杂，因此我想用"最近发生的事"来表达这个词的意思。

擅长闲谈的人，会对当时的情况进行实况转播。

"真是不得了，乘务员说：'前往××的旅客请乘坐××线'，于是大家就一起往那边走，对吧？因为异常混乱，人们寸步难行，就都堵在了原地。"

听了这样的实况转播，会不会让你想起柳泽慎吾[①]？

没错，就是那位成功演绎了高中棒球和警察故事的演员。

他的剧无论看多少次，都让人倍感新鲜，这是为什么呢？

因为，情绪足够热烈。

当然，将身边的故事作为演绎的素材也是他人气高涨的原因之一，不过，他通过近似实况转播的方式进行表演，传达出了他的热烈情绪，因此才会备受赞誉。

所以实况转播的时候，请再热烈一些吧。

---

① 柳泽慎吾，日本男演员，出生于神奈川县小田原市，1979年首次参演连续剧，2008年从电视剧行业转到电影行业发展。——译者注

这样做，尤其是在约会或是和朋友见面时，可以提升大家对你的好感度。

"在××站的检票口，我们看到整齐地排着长队的小学生们拿着插有红色羽毛[1]的募捐箱，竭尽全力地大声喊着'拜托了，拜托了'，那声音真是声嘶力竭。让你不由得去捐款啊。"

听着这样的叙述，听众脸上是会浮现出笑意的。

不擅闲谈的人，连新事物也会很快遗忘。

他们会问"咦，是这样的吗？"，有时甚至连3分钟前发生的事都记不住。

明明是刚刚发生的事，却也只是在脑海里简单地录了个像。

如果别人不主动提起，他们就做不到情景再现。

---

[1] 社会基金捐赠者的标识。——译者注

而最差劲的是，他会装出一副知道的样子。

千万不要这样。这么做会被他人认为是一个不靠谱儿的人。

擅长闲谈的人，能很快看穿对方的不懂装懂。

因为他们的脸上就写着"我真的不知道"。

如果真的不知道，让别人告诉你就好了。

直说"我今天早上没看新闻，所以不知道这件事"就行。

不自然地应和，只会白白错失了解的机会。

擅长闲谈的人，非常喜欢最新信息。

"这栋楼的斜前方，好像要开一家美味的拉面店。"

"我昨晚看新闻，说今年赏樱值得一看的地方还有××神社。"

如果对方也知道的话，谈话自然会变得热烈起来。

如果不知道的话，我们就能把这些信息告诉对方。

有时还会引起对方的兴趣:"哇,知道这个消息真好。"

这样一来,闲谈便会开出妙语之花。

擅长闲谈的一个要点

闲谈中,加入和对方见面前最新的记忆、最近或即将发生的事情就好。以"半过去"的事作为闲谈的话题吧!

· 擅长闲谈的人 ·

通过谈及已经发生的事，唤起对方的共鸣

擅长闲谈的人，喜欢时光机。
不擅长闲谈的人，将过去封印起来。

擅长闲谈的人，在脑海里存储着遗留于心的情景。
不擅长闲谈的人，被问及才会开始追忆。

擅长闲谈的人，相信吸引力法则。
不擅长闲谈的人，被分裂隔离。

这是为什么呢？
因为擅长闲谈的人，试图寻找自己与对方的共同点。
他们明白，如果彼此间有共同之处，就会倍感亲切。

"现在"和"半过去"的话题，我们先告一段落，下面来讲讲"过去"。

谈起心头的那些"莫非""或许"。

"比嘉①先生，您莫非是冲绳人？"
"××先生，难道您是京都人？"
"您以前是不是学过游泳或武术？"

就是这种感觉。

想要问出这样的问题，在自我介绍的时候就必须认真观察对方。

尤其是在商务场合，会会集很多初次见面的人，低头看看手里拿到的名片，或是看看很多人胸前常常会佩戴的名牌，汉字都是一目了然的。

"是的，我是冲绳人。您是怎么知道的？"

---

① 比嘉是冲绳县第一大姓氏。——译者注

"以前去冲绳旅游的时候,遇到很多人都姓比嘉。"
"您什么时候去的?"
"我大学的时候去的,现在想来,真的很怀念啊。"
彼此会因为冲绳这一共同话题而变得意气相投。

"是的,我是京都人。您真厉害啊。"
"从您的口音中听出来的。高中毕业前我一直住在神户,离京都很近,所以那时候经常去。现在和关西人说话还会说出方言呢。"
"那可真是太巧了。您去了京都的什么地方?"
时光机将你们带回了"高中时代"。

"我游过泳,不过那是学生时代的事了。"
"果然!看您体形这么好,一猜就知道了。其实我也是游泳社团的。"
"是吗?这么说起来,我发现您也是个肩膀宽阔的人呢。"

虽然没有同甘共苦，但这一话题却唤醒了青春时代刻苦训练的回忆。

就像这样，擅长闲谈的人，会清楚地记得过去发生的事。

并且将这些记忆存储起来，以便随时随地取用。

于打棒球的人而言，就像在替补席准备出场的感觉。

只要教练（大脑）一说"该你出场了"，就会马上冲上去（打开记忆）。

不擅闲谈的人，不会将过去的记忆置于"替补席"，而是长时间放在"替补席"后面。

所以，当教练（大脑）下达出场命令后，他还需要花费一定的时间进入替补状态（打开记忆）。

如前所述，我们能够明白：擅长闲谈的人会吸引别人。

因为他们相信通过谈及过去的事,是可以产生"共时性现象"①(Synchronicity)的。

从比嘉这个姓氏可以引出"学生时代到冲绳旅游"的话题。

因为对方一口京都腔,而说到了"住在神户的那段日子";因为对方体形很好,所以说到了"学生时代在游泳社团"的故事。

或许是偶然,但这种偶然具有"共时性",正是"共时性现象"。

不擅闲谈的人,不知是否因为过去有不开心的回忆,所以不想说起过去的事。因此,他们不会产生"共时性现象",也乘不上时光机。

即使是可能获取的人脉,也会因此而被分裂隔离。

---

① "共时性现象"指两个或多个本来毫无因果关系的事件同时发生,而它们之间似乎隐含某种联系。——译者注

如果能将苦难的过去，视为人生宝贵的经历，势必会对日后的成功有所帮助。

或许，未来遇到的某个人就曾和自己在同样的地方共享了同样的时光呢。

擅长闲谈的一个要点

闲谈中，将自己过去的经历也当作话题吧！

· 擅长闲谈的人 ·

以光明的未来为话题,做出下一次约定

擅长闲谈的人,有着丰富的想象力。
不擅闲谈的人,停止思考。

擅长闲谈的人,说梦想,谈浪漫的愿望。
不擅闲谈的人,惧怕人生中的冒险。

擅长闲谈的人,约定"下一次"。
不擅闲谈的人,"就这一次"。

这是为什么呢?
因为擅长闲谈的人,聚焦美好的未来。
他们将过去的经历化作原动力,不断朝着未来前进。

擅长闲谈的人，会在脑海和心里想象自己"想做的事"，描绘"自己想成为的样子"。

有这样一位男性，他能通过想象力让初次见面的人感到愉悦。

40多岁的时候，他成了大型制造厂的部长，也曾做过海外分店的店长。

在酒会或午餐聚会上，无论对方是男还是女，他都会问对方同样的一个问题：

"如果给您一个月的自由时间，您想做什么？"

听到这个问题的每个人，都会开心地驱动想象力开始寻找答案。

"我想在无人小岛的沙滩上看寄居蟹。"

"我想变成女性，体验一下做女性的感受。"

"我想看很多电影。"

大家都兴高采烈的，谈话也变得热烈起来。

他说:"想象是通向成功的表象训练[①](Imagery Training)。空想也好,什么都好,谈论起想做的事,就会生出新的上进心,闲谈也会因此变得热烈起来。而最令人不可思议的是,那些愿望真的会慢慢实现。"

回答了这个问题的人,大部分都真的实现了他们的"空想"。

据说想去无人岛的是一位在美容院工作的男士。没过几年他结婚了,新婚旅行的时候去了冲绳的无人岛,两周时间里他每天都看寄居蟹。

因为一直观察寄居蟹,对寄居蟹逐渐产生了喜爱之情,于是他将它们装进箱子带回了东京。我听后很是震惊。

想看电影的那个人,和后来加入闲谈的一位女性约好一起去看电影,之后两人便开始了交往。

---

① 表象训练指借助言语暗示、放录音引导或看录像等方法,以唤起已有运动表象。——译者注

说想成为女性的那个人……虽然现在还是男性（笑），不过他成为了一位理解女性的绅士，很受女性欢迎。

不擅闲谈的人，认为想象不过是妄想，所以不会将自己的愿望宣之于口。

结果，既没有得到重要的情报，也没能实现愿望。

语言的灵力是真实存在的。

请想一想奥运会夺得金牌的那些运动员。

备战奥运会伊始，就信心满满地对身边的人说："我一定能获得金牌！"

也有人会把愿望写在纸上，贴在房间。

更早以前还有令我更震惊的事，就是有人会把愿望写在小学毕业的纪念册上。

此外，擅长闲谈的人，从不会把今天的相见当作最后一面。

"希望以后还能有这么开心的活动。"
"说不定秋天就有了。"
"如果您知道是哪天,一定要告诉我啊!"
这就像在说"下次我还想和你见面"一样。

如果彼此有能够热烈畅聊的话题就更好了。
"下次一定要一起打高尔夫!"
"下次带您去刚才说到的日本酒酒吧,定个日子吧。"
要像这样,约定好"下一次"。

擅长闲谈的一个要点

想要实现梦想与浪漫的愿望,应该说出今后想做的事、说出自己的愿望。闲谈中,试着也谈谈"未来"吧。

· 擅长闲谈的人 ·

不会主动涉及宗教、政治或下流言论

擅长闲谈的人,不会从初次见面就争辩。
不擅闲谈的人,喝点酒就纠缠不清。

擅长闲谈的人,让人在轻松愉快中感到其自身良好的教养。
不擅闲谈的人,轻浮下隐藏着下流。

擅长闲谈的人,善于自控。
不擅闲谈的人,没有自控系统。

这是为什么呢?
因为擅长闲谈的人,能够认清TPO原则——时间(Time)、地点(Place)、场合(Occasion)。
众所周知,所谓TPO原则,就是要在考虑清楚这三点之后再采取行动。

第 2 章 寻找身边的闲谈内容

以前经常听到"着装TPO"这个说法,闲谈也是一样。

无论你穿得多么漂亮、发型多么整齐,谈话内容都必须要基于TPO原则。

这和不懂得察言观色还不太一样。

比如有的人在电车里,听到手机铃声响起,一脸平静地接起来,并开始无休止地说话。这样完全不考虑场合,并不是不会察言观色,而是没有素质的体现了。

银座有一条铁则:不可以和客人说起政治和宗教话题。

因为有的人喝了酒,就真的会发脾气。

掺杂了个人思想,就会在原本轻松的闲谈中混入更深的情感。

其实,有时即使女招待不主动提,不擅闲谈的顾客们也会讨论起这类话题。这种时候,只能暂时静静地听着了。

自己不主动提,然而对方却抛来问题,问:"你支持哪个党？"

这时，建议大家面带微笑这样回答：

"我支持我自己的党。"

这样回答，基本就能让对方笑着结束这一话题。

虽然我认为不太会有人谈及宗教话题，但是万一被问到了，我觉得这样回答比较稳妥："我没有那么强烈的信仰。"

因为宗教包含敏感的部分。

此外，在回答中加入自己的名字，"我是××教"，这样幽默的回答，在酒席中也很常见。

本来，信仰是自由的，彼此熟悉了之后谈及这样的话题，是没有问题的。但是初次见面或者交情不深时，还是保持谨慎比较高明。

还有一个注意事项，各位可能想不到，那就是必须注意"下流话题"。

闲谈中，有轻松愉快的气氛是好的，但或许有时会不自觉地想要说下流的话题，这时请务必忍耐。

轻松和轻浮可不是一回事。

什么话"下流"？可以说到什么程度？这些都需要根据听话人的接受程度而定。

正是因为明白这一点，擅长闲谈的人绝不会从一开始就说起下流的话题。

所以人们才会在轻松的氛围中感受到他们的优雅。

不擅闲谈的人，因为高兴，有时会一不小心得意忘形，讲起下流的话题。

他们不懂得控制话题，所以会让人觉得粗鄙。

在不够了解对方的时候，最好不要说起这样的话题。

擅长闲谈的一个要点

闲谈也需要TPO原则。最起码不要主动涉及宗教、政治或下流言论。

第 3 章

如何巧妙地转换或结束话题

巧妙用"间隔",
闲谈不再难。

· 擅长闲谈的人 ·

不会试图勉强做出结论

擅长闲谈的人，张弛有度。
不擅闲谈的人，忧心忡忡。

擅长闲谈的人，会坚决地转变方向。
不擅闲谈的人，会错失离开的时机。

擅长闲谈的人，会主动让话题不了了之。
不擅闲谈的人，会越来越犹豫。

这是为什么呢？
因为擅长闲谈的人，不会白白浪费时间。

对于没完没了的对话，谁都会感到厌烦。

这就像在高速公路上遭遇了意想不到的大堵车。

如果是老司机就会开始思考对策，不是吗？

"总之先去服务区休息一下吧"，或者不看导航，选择相信自己的直觉，"虽然会绕远，但是不走高速会更快一些"，于是就会毫不犹豫地在下个出口离开高速路。

而新司机则会在最近的服务区或者高速路出口前忧心忡忡。

因此会错失驶离的机会。

结果导致在到达下一个出口前，一直困在拥堵的车流当中。

闲谈也是一样。

擅长闲谈的人，会尽可能在对话的早期就考虑如何从对话中脱身。

他们既不会让对方感到不快，又能从持续的闲谈中全身而退。

第 3 章 如何巧妙地转换或结束话题

而不擅闲谈的人，会忧心忡忡地持续倾听，还会越来越畏惧转换话题。

擅长闲谈的人原本就擅长倾听，所以他们几乎不会使对方感到厌烦。

如果他们感到对方不想再听了，就会马上转换话题。

所以本章主要向您介绍"当自己作为听众时，如何转换对方的话题，以及如何结束对方的谈话"。

闲谈，和咨询以及商务谈判都不一样。

既不必勉强总结谈话，也不必得出什么结论。

既然是闲谈，就放轻松，别想太多。

擅长闲谈的一个要点

闲谈时，即使最后话题不了了之，也不会失礼于对方，所以不必在意。

· 擅长闲谈的人 ·

能通过对方喜欢的问题,巧妙地转换话题

擅长闲谈的人,会温柔地引导对方。
不擅闲谈的人,会被对方支配。

擅长闲谈的人,会让对方感觉舒服。
不擅闲谈的人,会使对方心情糟糕。

擅长闲谈的人,会发出信号。
不擅闲谈的人,没有开场白。

这是为什么呢?
因为擅长闲谈的人,会以"贴近对方的方式"
转换话题。

所谓贴近对方,就是不脱离。

在不脱离对方冗长的谈话内容的情况下,实现话题转换。

更形象地说,有一个中心轴,围绕这个中心轴,在半径约一米的范围内展开话题。再说得直白一点,稍稍错开即可。

"说到健康,我想起了艺人××,他每天都有一样必吃不可的食物。"

"说到马拉松,现在马路上跑步的人确实比以前多了。"

以健康为中心轴,将话题错开,引向了艺人的健康传闻;

以马拉松为中心轴,将话题转向在马路上跑步的人。

像这样不着痕迹地引导对方,是不会失礼于对方的。

能做到这一点,就能够猜测到什么问题会是对方乐于回答的。

这就是"取悦性的提问方式"。

"说到这儿,我想起来,您对美食颇有研究,一定知道哪家店有美味佳肴吧?"

"说到这儿,冒昧地问一下,您是不是做过班长或学生会主席?因为我在您身上感受到了领导力。"

怎么样?当谈话在不知不觉中变得冗长时,如果能用这种提问使得对方转换话题,是不是自己也会感到一丝喜悦?

即使对方不会准确地介绍某一家店,也可能顺势介绍类似的店铺吧。

即使没有学生会的经历,也会因为别人这样看待自己而感到开心吧。

经营者或部长级别的人,都经历过无数次闲谈,所以他们很擅长转换话题。有个人就曾经说过:"最重要的,就是不要被对方所支配。因为不好意思,就一直陪对方聊下去的话,只会白白浪费自己宝贵的时间。对别人来说,你很可能只是一个刚好有空的听众罢了。"

我认为他说得没错。

这里重申一次,闲谈不是咨询,与倾听烦恼完全不同。

此外,"说到这儿"这个词,说或不说,给人的印象也是天壤之别。

比起直接说"一说健康我想起来了""冒昧地问一下"来转换话题,用"说到这儿……"来过渡会更加顺畅自然。

也可以称之为铺垫,总之需要发出一个信号:下面要进入新的话题了哦!

擅长闲谈的一个要点

用"说到这儿"发出信号。结合对方的话题进行联想,不要偏离对方的主题,提出让对方高兴的问题。这样,就能成功转换话题了!

> · 擅长闲谈的人 ·

会将注意力转移到别人身上，以此岔开话题

擅长闲谈的人，有自己的"武器"。
不擅闲谈的人，总是昏昏欲睡。

擅长闲谈的人，往来于自己的秘密基地。
不擅闲谈的人，不会享受孤独。

擅长闲谈的人，具有推理能力。
不擅闲谈的人，对人际关系不感兴趣。

这是为什么呢？
因为擅长闲谈的人，习惯了观察他人。

如果闲谈时遇到困难，有随时可以拿得出手的"武器"，就会让你更有底气吧？无疑也会让你无所畏惧。

其实，擅长闲谈的人几乎都有这样的"武器"。

而这个"武器"就是"利用他人"。

需要说明的是，这里的他人是指闲谈对象之外的"第三人"。

对话已经进行了很长时间，当你觉得是时候转换话题时，就可以马上拿出这个"武器"。

比如，两个人在喝茶或吃饭的时候："不好意思，打断您。里面那桌的阿姨们好像很开心的样子，是刚刚参加完同学聚会吗？"

"你看，那边的小婴儿一直在笑，真可爱！"

这种感觉就可以。

基本上只要是人人都在笑的情况，就可以说得过去。

不过你要提前关注到里面靠左的阿姨们，或靠右的小婴儿。

然后，闲谈时看着对方，听着对方谈话，不时左右看看，这就算准备完毕了。

也可以把情侣当作转换话题的目标。
"不好意思我插一句别的，你看那边的情侣看起来很恩爱呢，两个人都满眼笑意。"

引入在同一空间里的第三方，就是在对方的谈话中加了一个"暂停"。

人们会不由自主地想要回头看一看，这是很自然的心理反应。

"话虽如此，但是也不知道这时候是不是转换话题的好时机啊。"

如果您有上面的担忧，那么我这里有一个好消息要告诉您。

不过在告诉您之前，我有一个小问题问您：
"您有常去的茶馆或咖啡厅吗？"

如果您的答案是"有",那么我还有一个问题:
"您一个人喝咖啡的时候,都会做些什么呢?"
我想肯定不会是睡觉吧?

不擅闲谈的人,在谈话的途中就会困得不得了。
对对方的长篇谈话感到疲惫,到了最后就变成"边和睡意战斗,边倾听"了。
原本为了打发时间来到店里,最后却演变成在冰咖啡的面前睡意十足。

擅长闲谈的人,会在茶馆或咖啡厅细心观察别人。
是的!刚才提到的好消息,就是你可以去喝咖啡的地方。
当然,不仅仅是"去"那么简单。

在这里,我想讲一位男士的故事。他30岁出头,创办了一家风投公司。

他的话会让人有种速度感。当然，不是说他讲话语速快。

而是话题的推进速度很快。即使是三四个人和他一起闲谈，也不会出现哪一个人说话时间过长的情况。因为他会看准时机，接过对方的话题，进行愉快推理的同时，闲谈就欢快地结束了。

他如何获得蜻蜓那般的广阔视野以及迅速转换话题的能力呢？

"有一家常去的咖啡店就好了。喝咖啡的地方一定有很多人聊天。这时你可以默默在心里推理：那边的漂亮姐姐是做什么工作的，是销售吗？她一定是在等人吧。侧耳倾听隔壁桌的对话。女高中生、商务人士、家庭主妇……当我看到那些厌倦了和对方说话的人，会不由得在心里大喊'就是现在！换个话题！'。"（笑）

也就是说，要有一家常去的咖啡店，把那里建设成"秘密基地"，养成细心观察周围人的习惯。同时，也要进行实战演练，练习适时抓住时机，拿出"利用他人"这一"武器"。

越忙的人越会把时间花费在重要的事情上。

那就建设一个自己专属的"秘密基地"，养成细心观察他人的习惯吧！

> **擅长闲谈的一个要点**
>
> 如果不知如何转换话题，就先随意地观察别人吧。尽可能地利用同一空间里的其他人。

· 擅长闲谈的人 ·

会幽默地结束话题

擅长闲谈的人,会让人笑出声音。
不擅闲谈的人,不懂得幽默的威力。

擅长闲谈的人,讲话中会穿插玩笑。
不擅闲谈的人,不会开玩笑。

擅长闲谈的人,会活用前人传下来的智慧。
不擅闲谈的人,不擅长简洁明了地表达。

这是为什么呢?
因为擅长闲谈的人,明白"幽默"是顺利推进人际关系的撒手锏。

幽默能够有效地缓解紧张气氛。

如果是第一次见面,幽默更能缓解彼此的紧张情绪。

请大家想一想观光巴士里的导游。

他们讲话时都穿插着玩笑吧?

他们还善于用幽默感使嘈杂的场面瞬间安静下来。

"各位,请把目光转向我。谢谢大家。今天的客人都是好人啊!"

"现在大家的左手边就是富士山……完全看不见呢!"

这样说,会使所有人一齐笑出声来。

无论是在工作中还是生活中,具有幽默感的人总是很受欢迎。

说起富有幽默感的知名人士,我最先想到的就是明石家秋刀鱼先生。

用玩笑打断说话滔滔不绝的人,把话题转移到别人身上,论起这方面的技巧,他确实是个天才。

女性的话，要属主持人安藤优子女士。

在节目开始的短暂闲谈中，她就能营造出幽默的气氛。

她常常能够引用俗语，以笑话结束闲谈。在这一点上她是我们学习的榜样。

擅长闲谈的人，就会像这样引人发笑。

让别人笑出声，就能让冗长的谈话暂停。

不擅闲谈的人，因为过于死板，根本想不到要讲笑话。

有位顾客和领导一起来到银座店里，或许是工作非常不顺利，他看起来怒容满面。

敬酒时也是敷衍了事，声音颤抖着喋喋不休起来，他的老板笑着制止了他："喂，你再抖下去，可要招来地震了。欲速则不达，再从容一点吧。"

我被这位领导的幽默感惹得爆笑起来。这位顾客也忍不住笑了起来。

抱怨和焦虑的话题往往容易说起来没完。对于这些话题应该尽早喊停。

前面提到的安藤优子女士的一节中涉及的俗语,正是"处方"之一。

四字成语也是一样。

使用流传至今的智慧言语,更容易获得人们的共鸣。

有这样一位说话达人,他擅长在上面的"处方"后面加上冷笑话,以此来结束话题。

这位达人是一家国际知名摄影仪器制造公司的部长。为人开朗健谈,喝酒时总是很爽快。

无论是同事、下属、商业伙伴,还是其他任何和他交谈的人,他都能针对对方的谈话内容,不失时机地讲出冷笑话,让大家发笑。

"人们不是说'转祸为福'(災いを転じて福となす)吗?啊,我想吃茄子(なす)了。"①

"人都喜欢抱怨。你是真行啊!Very 古驰。"②

---

① 日语的"转祸为福"中最后两个音和日语中"茄子"的读音相同,都是"nasu"。——译者注
② 日语中"抱怨"的读音是"guchi",和古驰(GUCCI)的读音相近。——译者注

"做事不要'盲目冒进',我很担心的!"[1]

"这个是这个,那个是那个。'This is this. That is that.'哦!"

这样的例子不胜枚举。和这位部长谈话非常愉快,而且受益匪浅。

像这样,能够引起对方发笑,既可以使对方的闲谈暂停,也能避免彼此尴尬。

不仅如此,还一定会使你变得更受欢迎。

使用 Humor 使 You more![2](笑)

擅长闲谈的一个要点

善于使用俗语或四字成语、玩笑或冷笑话幽默地结束对话。请务必一试!

---

[1] 日语"盲目冒进"和这里的"我很担心"读音相近。——译者注
[2] 日语原句为日英结合,意思是"使用幽默,你会变得更好"。——译者注

· 擅长闲谈的人 ·

使用手机强行结束话题

擅长闲谈的人,他们的手机是好伙伴。
不擅闲谈的人,他们的手机被压在背包的最深处。

擅长闲谈的人,假借手机逃离。
不擅闲谈的人,始终受困于对话之中。

擅长闲谈的人,会提前设置闹钟。
不擅闲谈的人,完全不会使用小把戏。

这是为什么呢?
因为擅长闲谈的人,关键时刻能化身"演员"。

用"说到这儿"岔开话题,用身边的其他人、用幽默来结束话题,但是当这些方法都试过了,依然没有效果,这时该怎么办呢?

虽说这种情况非常少见,但也还是会发生。

尤其是喝了酒之后,人们不会意识到自己已经喋喋不休地说了多久。

有的人明明还很年轻,却像老年人一样唠唠叨叨,有的人执拗不休,还有人会说"还不能让你回去啊"……真是让人头疼。

如果是同事或朋友,可以说完"我有事必须要回去,下次再聊吧",然后直接离开。

但是,如果是初次见面的场合或工作上的酒会,抑或是和前辈同席的情况,就很难结束谈话。

不擅闲谈的人,缺乏勇气,于是就被困在了这些场合之中。

第 3 章 如何巧妙地转换或结束话题

擅长闲谈的人，为了避免类似情况发生，会将手机随时带在身上。

手机就像伙伴一样，他们会在谈话的时候，把它放在能感到振动的胸前口袋或是看得见的地方。

然后，当他认为到了紧要时刻，就会做出要带着"伙伴"离开的姿势。

说完"不好意思，失陪了"，然后离开。

这就是演技。不是假弹吉他，而是假借手机。

就像来了重要的电话一样，假装把手机贴在耳朵上。"喂，你好"，要像演员一样全情投入地表演。

这样是可以的。如果不这样做，就不能巧妙地离开了。

成功人士都善于利用时间。

越是忙的人，越不会白白浪费时间，他们会把时间用在重要的事情上。

我多次说过闲谈和咨询以及商业谈判等都不同。

没有必要总结谈话，所以即便不了了之也是没有问题的。

有一位我觉得非常聪明的女社长，我想讲一讲她的故事。

作为受邀方，她每半年来一次银座的店里。

女社长40岁左右，是一位笑容灿烂的女士。

她晚上8点左右到店，10点半左右一定会说"不好意思"，然后从夹克口袋里拿出手机，说完"那么，我先回去了"，之后就离开。

即使是愉快的闲谈，她也会中途打断，立即站起身来。

有一次，我问她为什么一定是10点半。

她说："聊工作的事，来这里之前就已经在吃饭的时候解决了。二次会①的时间肯定会很长。不知不觉就会一直听他们讲下去，所以我会提前设置好闹钟。"

---

① 日语中的"二次会"是指商务应酬常见的非正式聚会。通常在商务应酬晚餐聚会结束后，经常有酒未尽兴者再次找另外的地方继续喝酒。——译者注

原来如此，把手机设置成振动模式，一旦振动就会告知自己时间了。

听说，她就任社长之前的很长一段时间，还是非智能机时代，她就一直设置10点半的闹钟。

感觉到手机振动，就从位子上站起身来，说"我该走了"。

这也是个很不错的办法。

现在，智能手机早已成为了生活必需品。
所以，利用手机逃离闲谈，也不会让人觉得不自然。
所以请放心大胆地使用吧。

> **擅长闲谈的一个要点**

单手拿着手机，站起身来说"不好意思，我先行告辞"，就能强行结束冗长的闲谈。

第 4 章

让对方喜欢的闲谈方法

让别人觉得你"是个感觉很好的人",
是让对方喜欢上你的第一步。

· 擅长闲谈的人 ·

让人觉得"这是个感觉很好的人"

擅长闲谈的人,活泼中不失沉稳。
不擅闲谈的人,阴沉中夹杂聒噪。

擅长闲谈的人,潇洒爽快。
不擅闲谈的人,纠缠不休。

擅长闲谈的人,令人神清气爽。
不擅闲谈的人,令人烦躁不堪。

这是为什么呢?
因为擅长闲谈的人,知道自己的态度会感染别人。

活泼热情地说话，一起聊天的人也会觉得心情明朗。

阴郁怠慢地说话，自然会使人感到消沉。

因此，擅长闲谈的人，会有意营造活泼明快的聊天氛围。

开朗又活泼的人，给人的感觉很好吧？

不是过分聒噪的活泼，而是从容大方的开朗，让人感受到成年人的魅力。

在第一章中我已经陈述过笑容对人的吸引力。

没有人会不喜欢从闲谈开始时就笑眯眯的人。

如果在后续进一步的闲谈中，能让人觉得"这是个感觉不错的人"，无疑会让对方喜欢上你。

潇洒活泼的人，也会使对方感觉神清气爽。

不擅闲谈的人不够干脆，甚至是纠缠不休。说话絮絮叨叨，没完没了，只会让人觉得烦躁不堪。

前三章中讲述了如何使他人了解到自己人品，从而在初次见面中使对方觉得"这人或许不错"。从本章开始，我们将进一步介绍在第二次以及后续见面中使用的闲谈方法，从而使对方确信"这人果然不错"。当然对于初次见面也是极具参考价值的。

如果能使对方喜欢上自己，就能够持续开展亲密交往。

如果对方觉得"和您聊天总能使我振作精神、心情舒畅"的话，那你无疑是个"让人感觉很好的人"。

擅长闲谈的一个要点

不是过分聒噪的热情，而是从容大方的开朗，试着有意制造活泼明快的聊天氛围吧。

· 擅长闲谈的人 ·

谈话简洁，能在 30 秒内结束对话

擅长闲谈的人，一开始就会说出想说的话。
不擅闲谈的人，不知道想说什么。

擅长闲谈的人，说话中有"节点"。
不擅闲谈的人，话中看不到尽头。

擅长闲谈的人，让人"还想再聊一聊"。
不擅闲谈的人，让人"不想再聊了"。

这是为什么呢？
因为擅长闲谈的人，懂得越短的话越能给对方留下印象。

电视上、报纸或杂志中的"标语"都很短，对吧？

企业的招聘广告中，开头的宣传语也大多不超过20字。

因为宣传语是为了引起人们阅读后文的兴趣。

短小精悍的标语中，蕴藏着能够一下子抓住人心的力量。

闲谈也是如此。

那些备受欢迎，常常在不知不觉间积攒了无数人脉的人，说话方式都很简洁。

这些人都有一个共同之处，他们会在一开始就简明扼要地说出想说的话：

"真高兴！又和您见面了！"

"太好了！您还是这么有精神！"

"您真是太忙了！"

这就是谈话中的"标语"部分。

因为并非白纸黑字，所以说的时候需要用心。

这样，对方就能带着好心情倾听你后面的话（正文）。

因为你给人的感觉很好，所以他们也会对你的话感兴趣。

当然了，后面的话也要简洁明了地说，这是关键。

对任何人来说都是一样，话越短越容易理解。

不擅闲谈的人，说话时会说很多"然后""还有"之类的词，说话啰唆只会让人感到"听不懂这人说的话"。

简单明白地说完想说的内容之后，还是会继续延续对话，不过这时，擅长闲谈的人会适时地在对话中加入"节点"，从而缩短谈话。

比如，像下面这样：

"真高兴！又和您见面了！上次见面的时候……还是去年的秋天啊。那时很冷，我记得还穿着大衣呢。时间过得可真快啊！现在已经是春天了。"

用正常语速说，大约需要 15 秒。

但是一边看着对方的眼睛，一边注意"节点"，放慢语速的话，就需要约20秒。

"无论是和工作上的伙伴还是和朋友，能够享受彼此之间单纯对话的人，都是能掌握好节奏的人。一个话题不到30秒，确实会让人感觉愉快。而且愉快的时间总是过得很快，会让人还想再多聊一会儿。"

说这话的是一位男士。他50多岁，是一家知名尖端技术分析公司的董事。

不愧是技术分析人士，能分析出30秒内这个结果。

他说话总是简洁易懂，因此给我留下了深刻的印象。

他还说过：

"如果在成年人聚集的场合中讲话絮叨，那谁都会想要'赶快结束吧'。如果人很多，那么能够忍耐着倾听的时间最多也就30秒，这已经是极限了。"

这里的重点在于，如果能在30秒内结束话题，就更有可能通过之后和对方的交流,进一步展开对话。

另外,他还说:"如果对话没有进展,那么直接切入下一个话题即可。"

"Simple is best(简洁最好)",正是这个意思。

因为短,闲谈才会愉快。

能在 30 秒内结束话题,是最理想的情况。

> **擅长闲谈的一个要点**

要结束闲谈的话题,以 30 秒内为基准吧。

> · 擅长闲谈的人 ·

能做到不慌张、从容不迫地讲话

擅长闲谈的人,从容说话,吸引对方。
不擅闲谈的人,喋喋不休,被对方疏远。

擅长闲谈的人,会加入一次深呼吸的"空白"。
不擅闲谈的人,说话像超级特快列车。

擅长闲谈的人,任何时候都能镇定自若。
不擅闲谈的人,焦头烂额,晕头转向。

这是为什么呢?
因为擅长闲谈的人,有气量。
他们知道无论发生任何事,再怎么慌张也无济于事。

有句话叫"欲速则不达"。

这句话本来的意思是"如果很着急而选择危险的近路,还不如选择绕远走更安全的远路"。同样,在闲谈中,不慌不忙地说话更能给人留下好印象。

尤其是从一开始就放慢速度的话,后面会轻松很多。

能镇定自若地说话,也就能保持冷静。

说话语速也应以对方容易听懂的速度为基准。

具体来说,可以参考播音员或新闻播报员。

你就会发现他们的语速真的很慢。

通常来说,人们1分钟能听300个字,但既然不是做演讲或展示,所以也没必要注意到具体的字数。

只要注意"比平时说话慢一些"就可以,聊天的氛围也会变得平和,同时对方也会被你吸引。

另外,如果在对话中加入"空白",对方就更容易听懂你的话。

我认为这里的"空白",就像沿途风景一样。

以新干线为例,"希望号"是速度最快、最便利的列车。从东京站到新大阪站只需要两个半小时。但是,却不能欣赏到驶出隧道后的风景。

有的人还会因为列车行驶速度过快产生的强烈震动,而感觉身体受到压迫,到站时就会觉得疲惫不堪。

和"希望号"相比,"光明号"到达新大阪站需要三个小时。虽然慢了半个小时,但却让人有意想不到的发现:"原来那里也有××公司的广告牌啊。"同时没有强烈的震动,就能更加舒适地欣赏新干线的沿途景致。

不擅闲谈的人,说起话来滔滔不绝,就像超级特快列车,而听话人会感觉自己像被隔音墙罩住了一样。

既没有时间附和,也无法享受聊天,因此就会变得疲惫不堪。

如果不加入适当的"空白",就会被对方疏远。

长年担任日本最高级别 ISO 研究机关讲师的一位男士，曾经教过我"留白"方法：

"可以看作是一次缓慢深呼吸的时间。"

开始上课前，他一定会引入闲谈，并刻意在途中加入深呼吸，从而留出时间使学生们更容易给出反应。

"今天来的时候看见彩虹了，美得令人震惊。哎呀，真是太美了。"

在这里，缓慢地深呼吸一次。

然后，学生们便会回应："真的吗？我没看见啊""我也看见了"。

收到大家的反应后，再继续这个话题，"大家偶尔也要抬头看一看""今天看见彩虹的都是幸运儿"。

毫无疑问，他一定是人气讲师。

擅长闲谈的人，无论年龄如何，都能营造出冷静平和的氛围。

即使是和社会地位很高的人或是喜欢的异性说话，

也能保持冷静。

而不擅闲谈的人，就会神经紧张，慌乱不安。

可话虽如此，他们也都同样为人。

即使是擅长闲谈的人，有时也会内心忐忑、紧张不安。或许有时他们的紧张度数会爆表也未可知。

可是即便如此，他们也能内心紧张而表面不动声色，是因为他们明白任何时候都不能慌乱动摇。

我想，这就是"有气量"。

冷静的人，很有魅力。

> 擅长闲谈的一个要点

无论和谁说话，都要注意不要慌乱。记住这一点就一定能够不慌张，冷静自若地交谈了。

· 擅长闲谈的人 ·

谈及自己的失败经历，说话态度谦虚

擅长闲谈的人，相较于自尊，更看重策略。
不擅闲谈的人，会受到自尊的阻碍。

擅长闲谈的人，感激之情会持续下去。
不擅闲谈的人，说完"谢谢"就完了。

擅长闲谈的人，把出丑化作玩笑。
不擅闲谈的人，害怕丢脸和让人失望。

这是为什么呢？
因为擅长闲谈的人，懂得"越厉害的人越谦虚"。

第 4 章 让对方喜欢的闲谈方法

这里说的不是谄媚地点头哈腰和过分谦虚。

擅长闲谈的人，绝不会使人感到态度上骄傲自大。

成功人士都十分谦虚。

他们从不因为自己的能力而骄傲自满，对待任何人都温和谦逊。

从他们身上你能感受到，他们有让自己看起来不那么难以接近的考虑，以及给予身边人希望而非自卑感的体谅。

所谓"真人不露相"，如果把"相"换作"骄傲"，就能看到真正的谦虚：

"真人不露傲"。

是的，擅长闲谈的成功人士，不会露出骄傲。

当然，为了在这艰难世上生存，骄傲自尊是必不可少的。

但是，他们知道这份自尊只要藏匿于心即可。

他们更重视策略。

"我想变成这样",他们对未来有强烈的想法,为了达到目的,常常有一套方针。并且,能够自然地将其加入对话中。

"从这个月开始每天早起一个小时,到附近跑一跑。"
"早起一个小时很辛苦的啊。您这是为了什么?"
"其实,我想参加秋天举办的全程马拉松比赛。凡事都是这样,都需要个精气神。我想活得自律一些。"

这种积极向上的态度能使人感受到真正的谦虚,慢慢地,产生共鸣的人就会聚集而来。

不擅闲谈的人,会陷入过去的成功,总是一副了不起的样子。这时自尊就成了阻碍。

高高在上地看着对方,闲谈就会充满说教意味。

感谢之情也容易变得短暂,如此一来就会在不知不觉间被他人疏远。

擅长闲谈的人说"谢谢"时，会让人感觉到他内心的真诚。

因为他们明白现在所拥有的，并非自己一个人的努力。

即使滴水之恩，也不会把别人的帮助视为理所当然。

因此，他们的感激之情便会长久。

擅长闲谈的人，会用自己的失败经历缓和气氛。

最常见的是"弄错时间"。

"今天有件让我冒冷汗的事，我和客户约好14点见面，结果我记成了下午4点。对方打电话到公司说'等了20分钟还不来'，我赶紧翻看笔记本，结果吓得我脸都白了。上面真的用小字脏兮兮地写着'14点'。我赶紧从公司飞奔出去，速度快得就像电视剧里的警察一样。"

"那可真是太悬了,没想到您也会这样。"

"和朋友口头约定的时候,有时就忘了是13点还是3点。(笑)到底是下午1点还是下午3点,不把时间确认清楚,我就记不住啊。"

像这样有意地引入失败经历,就能缓和紧张的气氛。毕竟人无完人。

于是,失败出丑就成了你的人情味,这会让对方感到放心。

擅长闲谈的一个要点

适当地引入失败经历,能表现出你的谦逊态度。

· 擅长闲谈的人 ·

总会以积极的心态来交谈

擅长闲谈的人,会说出对对方的认可。
不擅闲谈的人,会在句尾施压。

擅长闲谈的人,会坦率地给予对方支持。
不擅闲谈的人,内心的不甘会占据上风。

擅长闲谈的人,能积极地看待事物。
不擅闲谈的人,总是消极地看待事物。

这是为什么呢?
因为擅长闲谈的人,是 100% 的"正向思考"。

受到认可,没有人会不高兴。

如果感到自己是被需要的,就会更有自信,更有动力。

正是因为明白这一点,擅长闲谈的人才会说出认可对方的话,使对方振作起来。

"你总是这么努力!"
"这家店的菜很好吃呢。"
"真开心啊!"

听到这样的话,你一定会发自内心地开心吧?
而不擅闲谈的人,说的话会给对方压力:
"你到底有没有努力啊?"
"到底好吃吗?"
"到底开心吗?"

即使不是诱导性询问,由于在句尾感到了压力,对方也会不得已回答"Yes"。"最近努力不起来""可能味道有点重了""一般开心吧",我觉得这样的回答看起来也很消极。

即使是一个小小的句尾,也会影响给人印象的好坏。

所以一定要注意"句尾"。

擅长闲谈的人,能坦率地支持对方。

对于在工作、学习、运动、家务、育儿上努力的人,他们会说"我支持你"。

"我支持你"这句话虽然很短,却能鼓励对方,给予对方勇气。

于是,当对方有了开心的事时,也能由衷地说出"真是太好了"。

分享喜悦,闲谈也就更加有力量。

不擅闲谈的人,不会因对方的快乐而快乐。

因为他们的内心深处藏着嫉妒。

心中的不甘占据上风,所以对成功的人不会说"真是太好了",甚至连想到这句话都会感到抵触。

于是,闲谈就会变得乏味。

擅长闲谈的人,在鼓励对方进步的同时,会想着"我也要努力"。

这里不再是嫉妒,而是"干劲"。

支持对方,也是在支持自己。

而我也深深地感觉到,这就是成功人士和失败者之间的分界线。

可以说成功人士对于任何事,都有异于常人的正向思考。

闲谈时也一样,总是积极向前的。

因为他们对于对方说的每一件事,都能从积极的角度上理解。

"其实最近身体不好,稍微休息了一段时间。"

"哎呀,很难受吧。不过这个假期一定是上天送给你的礼物,专门让你休息的。"

"今天的工作很失败,现在心情很低落。"
"没关系!成功的人也是从失败慢慢进化成长起来的,把今天当作一次新生,明天再努力就好了!"

像这样,把看似消极的对话转化为积极正向的内容。
不过话虽如此,我每年也会有那么一段低谷期。
这时,我就会自己和自己闲谈,自己鼓励自己。

"Don't mind!明天胜今天,后天胜明天,未来胜后天!"
总之,"要快乐闲谈"!

擅长闲谈的一个要点

每天都要有意识地保持积极的态度与人交流!

· 擅长闲谈的人 ·

不情绪化，不让人不快

擅长闲谈的人，不会反驳。
不擅闲谈的人，会反击。

擅长闲谈的人，呼吸平稳。
不擅闲谈的人，呼吸紊乱。

擅长闲谈的人，心理是平衡型。
不擅闲谈的人，心理是失调型。

这是为什么呢？
因为擅长闲谈的人，一直在控制自己的情绪。

擅长闲谈的人，能依靠本能直接地表达开心、快乐等"积极情感"。

用理性去抑制无礼、生气等"消极情感"。

因此，擅长闲谈的人不会反驳他人。

情感的性质，其实是很奇妙的。

情感真挚丰富，这份魅力就会吸引他人。

而虚假贫乏的情感，便会使人避之不及。

前一节也说过："要快乐闲谈。"

营造气氛使彼此不尴尬，在与对方拉近距离的交流阶段中，最忌讳情绪化。

好不容易努力到这一步，最终却误入歧途，是极其可惜的。

不擅闲谈的人，消极情绪也会直接表达出来。

因此，脸色转变的同时，有时会展现出自己的愤怒：

"不好意思""我不想听这个"。

是哪句话惹到他了,还是价值观不一样?明明还不甚了解对方,就在谈话中进行反击。这样做,气氛就会瞬间变得尴尬。

结果,就会被周围的人贴上"感觉不好""性急"等标签。

可能他是个很好的人,只是那天心情不好而已,或许只是太饿了。

但无论如何,只要不是特别离谱的事,还是应该避免使他人感到不快。

擅长闲谈的人,呼吸就像平稳的心电图一样稳定。

几年前,负责我的男美容师就是一个温和稳重的人,我从没见过他批评工作人员。

"就算生气也无济于事吧。如果生气能改变情况的话,那就另当别论,不过大多数情况还是会适得其反。所以不如用和平时一样的语气提出建议,这样一来团队合作也会更加顺利,大家的工作情绪也会更加高涨。"

他说这话的时候,刚刚28岁。这么年轻就能参透这一点,实在令人佩服。

回想起来,他那柔弱的外表下总是充满着难以想象的热情。

他一直想去自己梦寐以求的美容院,说那里有一位他崇拜的外国美容师,于是不顾语言的障碍就飞过去了。

可以确信正是他的这份热情,才将他引向了成功。

他现在30多岁,已经结婚了,在黄金地段经营着自己的店铺。

"您还是和以前一样不爱生气吗?"

"是的,但是在家总是被我老婆骂。"(笑)

说得真是太有趣了。

像他这样擅长闲谈的人,不仅热情,还能保持心理上的平衡。

不擅闲谈的人,由于无法控制自己的情感,所以会心理失衡。

如果你话说到一半时,被人喘着粗气否定打断的话,就坦诚地直接道歉吧。

　　不必感到不甘。因为身边的人也都能明白。

　　"情绪化的一方就输了",一定是这样的。

　　在社会上生存,为了能得到宝贵的邂逅和珍贵的机遇,无论如何也不能变得情绪化,这也是关键所在。

　　把这份情感用在吸引他人上,人生就会变得更加丰富多彩。

擅长闲谈的一个要点

平时就要有意识地避免情绪化。不让对方感到不快,可以说是闲谈中最基本的礼貌。

第 5 章

让对方喜欢自己的闲谈方式

总是让人"想要再见面"的话,
慢慢就会成为被爱之人。

· 擅长闲谈的人 ·

会让人"想要再见面"

擅长闲谈的人,能进入别人的击球范围。
不擅闲谈的人,球会飞出界。

擅长闲谈的人,能给予刺激。
不擅闲谈的人,毫无趣味。

擅长闲谈的人,让人还想再见面。
不擅闲谈的人,很快就会被遗忘。

这是为什么呢?
因为擅长闲谈的人,能使人沉浸在悠长的余味中。

恋爱中，人们喜欢上一个人时，都会有各自钟爱的类型：

"苗条的""丰满的""可爱型""漂亮的""粗犷的""王子型"……

这就是常说的"击球范围"。

如果加上性格符合自己的期许，便无可挑剔了。

但是，不掺杂恋爱情感，单纯地喜欢一个人，又是怎样的呢？

这时是没有类型之分的。或者说，喜欢的范围是唯一的。

这就意味着只要朝着这个方向努力，谁都能获得他人的喜爱。

其实仔细想一想，或许真是这么回事。

没人会问："你喜欢什么类型的人？"

喜欢上某个人，和身材、长相都没有关系。

喜欢某个人一定是因为他的"人格魅力"，和有没有钱没关系。

具有人格魅力的人，会进入任何人的"击球范围"。

这份魅力，能在闲谈中体现出来。

出乎意料的反应，有种意外性——"没想到他会说这种话"。

反差感是极大的个人魅力，能刺激对方。

夸张来讲，就和文化冲击一样。

反差感造成的冲击会在对方心中留下余味。

就像在脑海中久久不忘的律动一样，令人"还想再感受一次这样的冲击"。

这种情况下，人们就会喜欢上他人。

擅长闲谈的人，即使自己什么都不说，也能让对方说"还想再见面"。如果让对方"还想再见面"，那就是极好的了。

擅长闲谈的一个要点

试着制造出意想不到的反应和意外之感。

· 擅长闲谈的人 ·

通过过度反应,适当制造"空白"

擅长闲谈的人,能充分调动面部肌肉。
不擅闲谈的人,脸上毫无波澜。

擅长闲谈的人,会改变声调。
不擅闲谈的人,讲话生硬死板。

擅长闲谈的人,经常使用感叹词。
不擅闲谈的人,不会轻易使用感叹词。

这是为什么呢?
因为擅长闲谈的人,懂得积极热情的回应能够取悦对方。

反应大的人，都很受欢迎。

例如，综艺节目的当家主持人，同时也是搞笑组合 Banana Man 成员的设乐统先生。

他站着不说话，就会给人成熟稳重的印象。但是他的过度反应极具魅力，可以说是理想反应。

"欸，我不知道啊。"
"啊，原来是这样啊！"
"哇！这好好吃！"

他瞪大眼睛，眉飞色舞起来，使劲调动着面部肌肉，表情丰富地回应着。

表示赞同时，也会使劲地上下点头。

或许也是出于对观众的观感考虑，但确实能够让人感受到设乐先生的人格魅力。

不擅闲谈的人，总是面无表情。

不知道他们在想什么。

举个例子，为了不让对方产生心理负担，把点心作为小礼物送给了对方。

一般来说，对方收到礼物都会说"谢谢"。

但如果这时板着脸，送礼物的一方就会产生疑问：

他不是真心喜欢吧？是不是不喜欢甜食？

还是说，礼物本身就是负担……会使对方产生多余的顾虑。

但实际上，（在我个人看来）哪怕收到100日元的便宜礼物，也没有人会不高兴。

我相信他们心里也是高兴的，只是不善于通过表情表达出来。

所以，如果因此被人误解的话，就太冤枉了。

也不是所有事都需要全身做出反应的。因为如果做出了多余的动作而惹人怀疑，也是不可取的。

因不知如何回应而感到为难的人，可以试着有意识地调动面部肌肉。

你也来试试吧。

然后,再带着笑容说"谢谢"就可以了。

而对待反应冷淡的人,说话人也不必太过在意。

我明白大家忍不住想确认"他们在听吗"的心情。

但其实连他们自己都没有意识到,他们只是想愉快又普通地交流。

有时甚至也可能只是反应慢半拍。

这种情况,直接把话题切换成这个人就可以了——笑着问他:"你知道这件事吗?"

能这样体谅他人,只有擅长闲谈的人才能做得到。

擅长闲谈的人,会改变说话声调。

比平时高半个八度就可以。

"我去了温泉一日游,给你买了温泉馒头。"

"哇!谢谢!"

"你支持的棒球队,昨天晚上也赢了。"

"真的吗！今天早上心情好极了！"

有的人就像从头顶发出声音一样，令人忍俊不禁，但听话人却会因此感到高兴，因为可以感受到他们的快乐。

说到这里，你注意到什么了吗？
没错，是感叹词。
擅长闲谈的人，做出回应时会先用感叹词表达自己的情绪：
"欸""哇""哎呀""咦""喔""哈""哎哟哟"！
开心的时候，有好吃好喝的时候，别人告诉自己不知道的事时，都可以用。办法也很简单，用感叹词就够了。

感叹词很方便，还能充当谈话中的"空白"。
第四章中提到"空白"能使对话更加易懂。
"欸""哇"就相当于深呼吸的一次"空白"。

这和沉默不同,听话人其实很喜欢这种深呼吸造成的"空白"。

同样,热烈的反应也更受人喜欢。

而且,反应越大,越能制造出适当的"空白"。

> **擅长闲谈的一个要点**

不着痕迹的过度反应,能够打动对方的内心,传达出深刻的感动。

· 擅长闲谈的人 ·

会展示出自己不为人知的一面，制造反差感

擅长闲谈的人，爱开玩笑。
不擅闲谈的人，假笑也做不到。

擅长闲谈的人，冒失亦可爱。
不擅闲谈的人，纯粹的"愚蠢"。

擅长闲谈的人，讨人喜爱。
不擅闲谈的人，过于不切实际。

这是为什么呢？
因为擅长闲谈的人，懂得带有意外性的发言能够迅速拉近与对方的距离。

成功人士会在闲谈中展示出自己"真实"的一面，会显露出自己的意外性，让周围人觉得"奇怪"。

这既不是表里不一，也不是双重人格。

不是人为加工，而是浑然天成。这种意外性的发生如同自然现象一般。

这种自然现象反复出现，不必刻意学也能制造反差感。

人都抵挡不住反差感。

看起来很固执的人，却能坦率地道歉，不禁让人感到可爱。

看起来不苟言笑、横眉怒目的人，只要在说完话加一句"开玩笑的啦"，就会让人觉得他是个爱开玩笑的人。

一向镇定自若的人，一边用力地撞着桌角，一边大喊"可恶……好疼！"，会让人觉得很可爱。这种"意想不到"，再加上肢体动作，就会变成强烈的冲击，能直接提升他人的好感。

"我也没想到会这样"——这种震惊，会变成自然本能的"喜欢"。

不擅闲谈的人，不会给对方带来乐趣。

总之，反差感能有效地逗笑他人。

请再回想一下刚才的例子。

看起来很固执的人坦率地说着"对不起"；看起来很可怕的人说出"开玩笑的啦"；一向镇定自若的人大叫着"可恶！"，都会令人忍俊不禁吧。

这就是"可爱"。任何人都可能潜藏着这种性格要素。

擅长闲谈的人，会展示出这份可爱。

周围的人会因为你显露出的可爱，而感到高兴，感到放心："这人和我有相似之处。"

但是，必须要注意到，如果不是和平时不同的一面，便会适得其反。

平时就冒失的人，再怎么重复这个特点，也不会改变给别人留下的印象。

那只是纯粹的"愚蠢"。

有一位不轻易动情的男士，因为一位女士的话，而对她爱慕不已。

这位女士是个很认真的人，说话也很客气。

即使她不说话，也会使人想要接近她。

这位女士和他说谢谢的时候，说的是"Tom Thanks"。

听懂了吗？她说的是世界著名影星"汤姆·汉克斯（Tom Hanks）"的名字加"Thanks"。

正是这个意外的可爱言行，打动了这位不易动情的男士。

像这样，在平时看来难以想象的意外性，加上肢体动作，能够迅速接近对方。

稳重的人展现出的冒失。

可怕的人搞出的恶作剧。

认真的人表现的可爱言行。

任何人都可能潜藏着这种"意想不到"。这就是意外性。

擅长闲谈的一个要点

用"出人意料的一句话"展示出意外的一面,尝试制造反差感。

· 擅长闲谈的人 ·

用"有心之言"吸引对方

擅长闲谈的人,会说"能见到您很高兴"。
不擅闲谈的人,让人怀疑说话不走心。

擅长闲谈的人,主动告白。
不擅闲谈的人,面色苍白。

擅长闲谈的人,乐于假设。
不擅闲谈的人,让人担心"这人没事吧"。

这是为什么呢?
因为擅长闲谈的人,知道什么样的话能直击对方内心。

对擅长闲谈的人来说,"有心之言"是发自内心的、基于真实想法的话。

毕竟,他们不是不稳重的人。

他们心里明白,空口说白话的人会被人一眼看穿。

银座酒吧的老板娘或受欢迎的女招待都擅长夸奖别人。

不过,她们的夸奖都是发自内心的,所以能够抓住客人的心。

其证据是她们不是见人就夸。

她们不会对打着怪异领带的男人说:"您的领带真漂亮!"

即使她们不分场合地奉承他人,也会被同坐或周围的客人轻易看穿。

所以,直接说"我想见您",比空口奉承好。

因为久违再会的快乐是真的。

而不受欢迎的女招待说出的违心之言,听着当然会觉得别扭。

这也会引起他人怀疑：她是不是和每个人都说同样的话？于是别人也就不想"再见到她"了。

此外，擅长闲谈的人还会直接表达出崇拜之情。

无论对方年长还是年少，都能坦率地说出"您真厉害，我真崇拜您"。

这里重申一次：成功人士都很谦虚。

即使他们已经很成功了，也明白人外有人，天外有天。

他们期待进一步的飞跃，所以见到大人物时便会深受激励，就会向对方告白"我很崇拜您"。

这句话能直击对方内心，尤其在同性之间。

告白不只包含恋爱情感。

能得到同性喜欢，自然也能得到异性喜爱。

有位只有男粉丝的女爱豆，我常听她笑着说："成年之后，女粉丝越来越多，这使我很开心。"

反过来也一样。

男性、女性自身的魅力，加上人格魅力，定能提高来自同性的支持率。

此外，擅长闲谈的人还会在对话中提出"假设"。

比如：

"我很崇拜您。如果我是男人，一定想让您做我的女朋友。"

"我很崇拜您。如果我是女人，一定想让您做我的男朋友。"

怎么样？

即便是假设，听到这样的话也会很高兴吧。

不擅闲谈的人，面对崇拜的人时，即使对方是同性，也会紧张得面色苍白。

这时哪里还有精力提出假设，甚至会让人担心地询问："喂，你没事吧？"

觉得对方"好帅、好棒、我也想这样"，就试着表达出来。鼓起勇气，告诉对方"我很崇拜您"。

说不定会促成意外的邀约：下次一起喝一杯吧。

前面说过，真心话是最重要的。

无论是谁，当时不经意间说出了违心之言，事后再悔不当初，都是为时已晚。

尤其面对擅长闲谈的人时，即使使用外交辞令也会被他们轻易看穿，所以更要多加小心。

你说出来的话，都是发自内心的真实想法。

能说真心话，才能成为被爱之人，才能走向成功。

而且，当你实现梦想后，自然也会有人向你告白：我很崇拜您。

擅长闲谈的一个要点

对尊敬崇拜的人，试着说出"有心之言"，尤其有利于抓住同性的心。

· 擅长闲谈的人 ·

会毫不保留地夸奖对方

擅长闲谈的人,能发现对方身上的"主角光环"。
不擅闲谈的人,自己会成为悲剧主角。

擅长闲谈的人,会"推迟"答案的公布。
不擅闲谈的人,马上就告诉对方。

擅长闲谈的人,会极力夸奖对方。
不擅闲谈的人,无法缔结友谊契约。

这是为什么呢?
因为擅长闲谈的人,会将"最强兴奋感"作为礼物送给他人。

第 5 章 让对方喜欢自己的闲谈方式

你认为"最强兴奋感"是什么呢?

就像收到意外的礼物,拆开包装上的丝带时的兴奋感一样。

"没想到会收到礼物,里面到底是什么呢?"

打开之前心怦怦直跳,打开之后惊喜地发现是自己喜欢的礼物,于是开心得不得了。

闲谈也是一样。

听到从未得到过的评价,自然会感到兴奋。

除了恋人之间的甜言蜜语,能让人感到兴奋的话大多是这个模式:

"您很像那个……"

关键就是说出"像"这个字。

并且不要马上告诉对方到底像什么。

要"推迟"答案的公布。

擅长闲谈的人通过"推迟",给予对方兴奋感:

"您真像那个。"

"欸,'那个'是谁?"
"就是那个啊。稍等,让我想一想。"
"到底是谁啊……是艺人吗?"
"不是,是动漫里的主角。"
"什么,动漫?"

从这儿开始,对方的心就开始怦怦跳了。
就像兴奋地拆开礼物的丝带一样。

"我居然像动漫人物,到底像谁呢?"
下一秒,你就能看到对方兴奋不已的神情:
"想起来了!健次郎!"
"欸!是《北斗神拳》里的健次郎吗?"
"没错,就是他!"
"哇,好开心!"
接着,擅长闲谈的人还会继续竭力地夸奖对方。
"健次郎很帅吧!连脸型都很像您。"
"是吗?这样看来我必须要多练肌肉了。"

"这么说来,以前有部动漫叫《肌肉人》吧。"

"对,我知道这个。"

两个人越聊越兴奋,彼此之间产生了动漫同好会一样的联系。

不擅闲谈的人发现不了对方的特征,问的问题也都莫名其妙:

"有人说过您长得像艺人吗?"

这个问法很危险——如果对方回答不上来,对话就会扫兴地在尴尬的氛围中结束。

如果为了打圆场,勉强说出并不相像的一个艺人,那就是自掘坟墓了。

所以到最后也无法缔结同好会的友谊契约。

有很多人都和演员、明星或运动员等名人长得很像。

如果谁看了他都觉得和演员 A 长得像,那就可以说"您长得真像演员 A"。以这句话为起点,还可能会继续延续电影或电视剧的话题。

如果找不到相似的真人,就去动漫里找一找。

也不要只看脸，要看整体形象。

如果是戴红色领带的人，就是鲁邦三世；头发根根冲天的人，就是《七龙珠》里的超级赛亚人，或《海贼王》里的某个人物。

如果是游戏的话，就是《终极幻想8》里的斯考尔或《街头霸王》里的隆。

女性的话，可以从发型或脸型上寻找特征。

这样一来或许可以想到《棒球英豪》里的浅仓南、《美少女战士》里的水冰月、《银河铁道999》里的梅蒂尔，或迪士尼里的灰姑娘、白雪公主。

擅长闲谈的一个要点

每个人都有各自的特征。试着在漫画或动漫中寻找类似特征，然后毫无保留地夸奖他们！

· 擅长闲谈的人 ·

用数字给对方留下强烈的印象

擅长闲谈的人,讲究相同的数字。
不擅闲谈的人,根本不在意数字。

擅长闲谈的人,拥有一门让人洗耳恭听的杂学知识。
不擅闲谈的人,对杂学避之不及。

擅长闲谈的人,会令人感到惊喜不断。
不擅闲谈的人,会误触会话按钮。

这是为什么呢?
因为擅长闲谈的人,将数字引入对话,从而给人更高级的存在感。

为了将谈话内容简明易懂地传达给对方,在对话中加入数字,就是个好办法。

看一看下面两句话,哪句话给你的印象更深:

"最近,睡前都做腹肌训练。"

"最近,睡前都做 100 次腹肌训练。"

可能大多数人都会选择后一句。

明确次数,更能传达出说话人对腹肌训练的思考。

"100 次可真厉害,我 10 次就累得不行了。"

听话人一边佩服对方,一边比较自己,两个人就能围绕着腹肌训练展开对话。

再看看下面两句话:

"最近,睡前都做 100 次腹肌训练。"

"最近,睡前都做 88 次腹肌训练。"

人们听到后一句,都会忍不住反问:"欸?"因此对这句话的印象也更深刻。

第 5 章 让对方喜欢自己的闲谈方式

你一定很奇怪，为什么是88次？

"闲谈中数字最好是相同的，这样既好记又令人印象深刻，而且还很吉利。尤其是88，有两个吉利数字，就更有吉祥繁荣的寓意了，所以腹肌训练也是88次。这样说完，大家也都会说'明天开始我也做88次腹肌训练'，是不是很有趣？"

说这话的，是一位从事建筑行业技术顾问的M先生。他说相同数字很吉利。

游戏机里的"777"就是大奖的意思；《银河铁道999》也是大火的动漫；可以自选车牌号码后，"3333""5555"之类的数字排列也变得随处可见。

甚至常听到有人说："今天看到了全是相同数字的车牌，Lucky！"可见越来越多的人相信重复的相同数字能带来好运。

不擅闲谈的人认为这是迷信。

他们丝毫不相信数字的力量。

或者说,对数字毫不在意。

前面提到的 M 先生还说过:

"你要保留一个故事,故事里面带有让人感到吃惊的数字。"

在酒席间,这位 M 先生一定会讲"老伯威士忌"的故事。

"大家知道英格兰人托马斯·帕尔的故事吗?他 80 岁结婚,活到了 152 岁。据说他长寿的秘诀就是以蔬菜为主的饮食和爱人陪伴左右的生活。名酒苏格兰威士忌'老伯'的标签上还画着他的肖像,写着他的生卒年月。"

这个故事鲜为人知。所以几乎所有人都会上前,认真听他讲。

这个故事一定可以使人大声地说出:"欸!我从来没听过。"大家也可以试着讲一下。

而且，当然了，M 先生喝的酒也是"老伯威士忌"。据说这位老伯真的活到了 152 岁。

不擅闲谈的人往往认为这种杂学是无用之学。

听到了也不会引起他们的注意，也不会按下心里的"惊讶"按钮。

这样的结果很难和对方建立稳固的关系。

为了将谈话内容简明易懂地传达给对方，对话中加入数字，就是个好办法。

而且，只需要加入数字，所以也可以说是简单至极的办法。

擅长闲谈的一个要点

在闲谈中引入数字，尤其是相同且重复的数字，能给对方留下深刻印象。

第 6 章

攻陷对方的闲谈方式

真心为对方着想的语言才能传递出爱。

而付出的爱，会使对方成为你最强的、真正的朋友，这份爱最后又会回到你的身边。

因此可以说，爱的力量，就是闲谈的能力。

· 擅长闲谈的人 ·

会让对方感受到爱

擅长闲谈的人,能让对方拥有好心情。
不擅闲谈的人,只会使人感到疲惫。

擅长闲谈的人,让人心动。
不擅闲谈的人,使人心远离。

擅长闲谈的人,能俘获他人的心。
不擅闲谈的人,对方会像鸟儿一样飞走。

这是为什么呢?
因为擅长闲谈的人,懂得用"爱"来施魔法。

在第五章向您介绍了如何让人喜欢上自己。

接下来,我们必须确保对方会一直喜欢自己。

即真正地"攻陷"对方。

"我输了""彻底喜欢上你了",如果能使对方产生这种想法,你就所向披靡了。

你会得到前辈们的赏识,受到后辈们的敬仰。

为此,你该怎么做呢?

办法就是紧紧抓住对方的心。

在离东京市中心稍远的地方,有一家法国餐厅,那里的老板娘说:

"生活的秘诀就是爱、勇气和智慧。"

她每次上菜,都会和顾客闲聊几句,再回厨房。

这位女士开朗健谈,见过她一次就会被她的魅力俘获。

开业近30年,生意依旧蒸蒸日上,除了来品尝地道法国美食的食客,也有专门来找她畅聊人生的顾客。

爱、勇气、智慧。

成功人士这三点总能兼备。

而且他们会在闲谈中,将这三点像施法似的传给对方。

付出爱,使人心情愉悦;鼓励对方,给人勇气;传授智慧,引导他人成功。

这样做,没有理由不攻陷对方。

当然在这个过程中,拥有真心的爱才是最基本的。

不擅闲谈的人没有爱,只会令对方感到疲惫。

因此自然不能打动或俘获对方的心了。

擅长闲谈的一个要点

没有爱,就抓不住人心。用爱使人感到双赢的同时,也会攻陷对方。这样做,一切就尽在你的掌握之中了。

· 擅长闲谈的人 ·

会若无其事地说"爱"

擅长闲谈的人,付出爱。
不擅闲谈的人,没有爱。

擅长闲谈的人,会再次确认爱。
不擅闲谈的人,不确认爱。

擅长闲谈的人,将爱成倍奉还。
不擅闲谈的人,对他人的爱视若无睹。

这是为什么呢?
因为擅长闲谈的人,明白有"爱"才会赢。

爱有许多种。

男女之爱，亲情之爱，对动物的怜爱，朋友之爱，对上司、前辈、后辈和身边人的爱……

所有的爱都可以归结为"人类之爱"。

这些爱也都有一个共同之处：对他人的珍视。

这个世界充满了爱。

但也有很多人并没有切身感受到爱，这也是事实。

这么说的证据就是从很早以前开始，绝大多数的热门歌曲或大火电影都是以爱为主题的。

可见人们是多么渴望、多么需要爱。

擅长闲谈的人，表达感激之情时会使用有"爱"的语言。

"我给你买了抹茶曲奇。"

"谢谢！我最喜欢抹茶！我感受到了你的爱。"

你说话时满脸笑容，坦率真挚，不会觉得害羞或不好意思。

因为这就是人类之爱。

不擅闲谈的人认为除了恋爱，都不能说"爱"。

他们还缺乏幽默感，也不会开玩笑地说"感受到了你的爱"。

他们只会说"谢谢""多谢款待"。

虽然这样也很有礼貌，但却没能将自己的爱传达到对方心中。

相反，给别人送礼物时也是一样。

对方说"谢谢，我真开心！"后，他们却无言以对。

只满足于对方的感谢，便以沉默和微笑结束了对话。

至少说上一句"不客气"，一定能进一步拉近彼此的心。

擅长闲谈的人，会给予对方有爱的反应。

"谢谢你的礼物，我很开心！"

"太好了！那你感觉到我的爱了吗？"

带着笑容，直白又真挚地再次确认爱。

于是，对方就会回答："感觉到了！"

或许有人担心，如果对异性说这样的话，会不会造成误会？我的答案是不会。

这是人类之爱。说的时候脸上笑意盈盈、言语清爽利落，就不必担心这个问题。

不过如果本身就有爱慕之情，还一本正经地盯着对方的眼睛问："感觉到我的爱了吗？"可能真的会适得其反。

这种情况就不是闲谈了，还是果断告白吧。

不过我觉得这样说，倒是能让对方感受到你的真诚。

成功人士会把令自己感动的事，满含爱意地告诉对方。

我认识的一位社长，在商店买东西时，一定会把自己对店员优质服务的感受告诉店员本人。

"你的服务很好,果然女性还是要娇美可爱啊。"
"你的笑容太可爱啦!"

发现了吗?"可爱""娇美可爱"里都有"爱"这个字。

当然了,这些都是真心话。

这位女店员听了以后非常开心,一直面带笑容目送他离去。

这位社长对一位卖男装的男店员也会使用爱的语言。

"你的服务很好,能让顾客感受到爱。"

店员听了这些一定很开心吧,干劲也更足,也会在服务上更下功夫。

这些擅长闲谈的人都会主动付出"爱"。

据说社长在下次买衣服的时候还指名由那位男店员来服务。

这就是"爱的加倍奉还"。

自己能在喜欢的店员手里买东西，同时对店员来说，因为自己有爱的服务也收获了大客户。这种 Win-Win 的双赢局面，正是因为有了爱才得以成立。

"爱"，必须通过闲谈或肢体语言，在相互的交流中才感觉得到。

> **擅长闲谈的一个要点**

人人都会因为得到爱而高兴。在闲谈中试着加入有"爱"字的语言，紧紧抓住对方的心吧。

· 擅长闲谈的人 ·

会夸张地说出让对方开心的事

擅长闲谈的人,会说:"这是我有生以来第一次……"
不擅闲谈的人,甚至不会说"第一次"。

擅长闲谈的人,会盛赞对方"不愧是××"。
不擅闲谈的人,不会提起对方的名字。

擅长闲谈的人,会连续说"厉害"。
不擅闲谈的人,一直说消极言论。

这是为什么呢?
因为擅长闲谈的人,知道如何能使对方快乐得如梦似幻。

人会因为给对方带来初次体验而欣喜不已。

因为自己对别人有用而倍感高兴。

擅长闲谈的人都明白这种心理：如果这时对方的喜悦程度远超想象，自身的感动也会成倍增加。

所以，当自己获得初次体验时，也会向对方充分地表达自己的喜悦。

比如，当你被对方带领走进一家生意火爆的老字号荞麦面馆。

你说："这是我第一次吃到这么好吃的荞麦面。"

"真的吗？那太好了。"

"真的，从没吃过这么好吃的荞麦面。"

对方因为你比他们预想的还要高兴，会觉得"带你来这里真是太好了"，而且他们自身的快乐也一定会翻倍。

不擅闲谈的人，往往不善于表达自己的感情，自然不会夸张地表达。

他们只会很平常地说"好吃"。

如果不表现出非常惊讶的样子说:"这真的好吃!"对方就不会有多大触动。

如果有机会,一定要试一试说:"这是我有生以来第一次……"

我相信你一定能看得到对方的感动模样。

擅长闲谈的人在盛赞对方的同时,还会提到对方的名字。

有一位女企业家,她创办了一所商业学校,并持续办学近30年。

她每天都接触到讲师、事务局的工作人员、学生或广告公司的人,所以每天都会和别人闲谈。

她在夸赞别人时,会说:"不愧是××!"

"工作完成得这么快,不愧是××!"

"今天你的衣服真漂亮!不愧是××!"

听到"不愧是你"这种评价,无论是男性还是女性都会感到高兴吧。

如果在工作中听到这种夸赞,会觉得自己的能力得到了认可,工作也更有干劲。

如果是着装得到夸奖,就会进一步锤炼自己的时尚品味。

在"不愧是"后面加上名字的话,会有更直白的感觉。

听到别人直接说"你真的太棒了",这会让人备受鼓舞。

加上对方名字,更能进一步增强这种夸奖的效果。

不擅闲谈的人不会提到对方名字。

他们甚至根本不会使用"不愧是你"的称赞方式。

第四章中提到,自尊会成为他们的阻碍,"不愧是你"这句话会让他们觉得自己的地位变低,或许因此他们对这句话有抵触情绪。

此外,还有一个令对方感动的办法。

就是连续说"厉害"。

"真厉害,真厉害!""太厉害了!厉害厉害!"

擅长闲谈的人会重复两次以上。

"你定下见面的时间了?"

"嗯,定下了一家公司。"

"哦?定下了?真厉害呀,太厉害了,太厉害了!"

这样的场景我也见过无数次。

工作积极的上司夸赞起别人就像夸自己一样,连声说"厉害厉害"。

当工作为客户带来回报时,他们就会像日本锦标系列赛上获得冠军的棒球队员一样,所有人一起聚集在球场上,高呼:"恭喜你!太厉害了,太厉害了!"

这确实是太厉害了。(笑)

"只有一家公司是不是太少了?"——如果对方听到

这样的负面言论,就会丧失自信,怀疑自己"是不是真的不行"。

而如果对方不停地被你夸"厉害",心情自然会飞向快乐云端。

因为语言有着打动人心的强大力量。

或许这些话会让人觉得言过其实。

但一定会令听到的人喜出望外,快乐得如梦似幻。

擅长闲谈的一个要点

把让对方高兴的事夸张地说出来,这一定会使人深受感动。

· 擅长闲谈的人 ·

会用刺激性话语让对方心头一紧

擅长闲谈的人，透露自己的小秘密。
不擅闲谈的人，是彻底的秘密主义。

擅长闲谈的人，偶尔会依靠别人。
不擅闲谈的人，从不依靠任何人。

擅长闲谈的人，会讲甜言蜜语。
不擅闲谈的人，只会说陈词滥调。

这是为什么呢？
因为擅长闲谈的人，会刺激对方的感情，使对方"心动"。

不是只有恋爱才会让人心动。

无意间走进的店铺,在里面偶然看到了精致的手表,这是种心动;在网上听到一首老歌,不知不觉间循环了很多次,也是种心动。

人会对某个物件、某种艺术或某个地方一见钟情,因为好的东西确实很好。

而如果心动对象是人,这种心动就会更加强烈。

紧紧抓住对方的心,把自己因为期待或欣喜而怦怦直跳的感情,在恰当的时刻毫无保留地告诉对方,彼此就一定能成为挚友。

如果对方是异性的话,还能建立"朋友之上,恋人未满"的信赖关系。

甚至彼此成为恋人的概率也会得到提高。

那么,擅长闲谈的人到底是如何让对方"心动"的呢?

比如,向对方透露自己的小秘密。

"其实我有件事没有对任何人说过,但因为是您,我才能说。"

听到这儿,对方就会瞬间心动。

至于内容嘛……虽说是闲谈,但好歹也是个人秘密,这一部分我想略过。但也可以说些无关大碍的内容,比如"我是铁路爱好者""我最近开始学外语了",等等。人们在个人生活中秘密享受的许多乐趣,都可以作为闲谈的内容。

"因为是你,所以我愿意说",当人们听到这种话,都会惊喜于自己竟然如此被信任。

如果是关于和家人或成长等难以启齿的内容,对方就更会觉得原来我们的心是如此紧密。并且也会主动说出自己的秘密。

不擅闲谈的人,会将自己的秘密永远深藏在心中。

这虽无可厚非,但可能很难建立真正的友情。他们很少会依靠他人,只会一味地沉浸在自己的世界里。

擅长闲谈的人，能通过依靠对方，使对方心动。

比如，询问对方音乐或电影的名字：

"前几天在咖啡厅里听到一首曲子，但是怎么也想不起来名字是什么……说不定您知道"，然后在对方面前哼唱出来；"我想看一看60年代的油画，但我不知道该看什么样的，您有什么推荐吗？"。把这些日常生活中无法靠自己迅速解决的问题，坦诚地说出来询问对方。

于是，对方就会开始和你一起想："啊，我也喜欢这首曲子，但是叫什么来着，我想想。"最后当场一起下载一个App，伴着手机里的音乐一起哼唱，就能共同享受这段时光。

油画话题也是一样。如果对方能马上给出答案，就用"不愧是你"来夸奖对方；如果对方也不知道的话，就可以一边闲谈，一边一起寻找那幅画。

在共同寻找喜欢的音乐或电影的名字时，能产生只有两个当事人之间才能拥有的特别心动的体验。

此外，还有终极的武器——甜言蜜语。

"能和您相遇真是太好了。"

"能有人依靠，真好。"

"如果没有您，我到现在也还不懂。"

"我最喜欢您这一点。"

"要是您不在，我可真不知道该怎么办。"

至于这些话的使用场合，想必不用再赘述了吧。

如前面所言，透露自己秘密的时候，想不起音乐或电影的名字的时候，都可以说这些话。

和恋爱一样，根据目前为止的交流，自然而然就会知道在恰当的时机说出这些话。

擅长闲谈的一个要点

巧妙使用关键性语言，尝试用刺激性话语使对方心动。只要见面两次以上就可以用。关键在于真挚、直白地说。

· 擅长闲谈的人 ·

偶尔会用责备的语言"调教"对方

擅长闲谈的人,在任何人面前,内心都不会动摇。
不擅闲谈的人,内心会受等级意识影响。

擅长闲谈的人,敢于批评比自己地位高的人。
不擅闲谈的人,只会为难比自己地位低的人。

擅长闲谈的人,在心理上更高一筹。
不擅闲谈的人,在能力上低人一等。

这是为什么呢?
因为擅长闲谈的人,会用"不行"这根爱的鞭子来掌控主导权。

对擅长闲谈的人来说，对方的学历、职业、社会地位都不会对交流产生影响。

和人的表象相比，他们更看重一个人的本质，也就是对"人性"更怀有敬意。因此，无论面对何人，他们的内心都不会动摇，都能一视同仁地进行对话。

而不擅闲谈的人更看重对方的职业和地位。

面对比自己地位高的人，就会感到紧张，还会奉承、讨好对方。

他们按捺住心中的真实想法，因此做不到适当地批评对方。

当然，即使是擅长闲谈的人也会感到紧张。但是，这并不是因恐惧而产生的紧张，而是因为尊敬崇拜的人近在眼前而心动不已的紧张。

擅长闲谈的人，偶尔会批评对方，哪怕对方比自己的地位高。

"这么软弱可不行啊。"

"工作过头了可不行,偶尔也要好好休息。"
"你不改改爱生气的毛病可不行。"

这很有效果。
因为人越长大,越不会受到批评。

在银座店里,曾经发生过这样的事。
招待客户时,有个人会吹捧客户,会面带微笑地与部下交谈,和谐的氛围会一直持续到大家离开。但如果只和公司的部下来喝酒时,他的真实面目就暴露无遗了。

部下一开口说话,他都会像说口头禅似的出言不逊,辱骂部下——"烦死了,你给我闭嘴""你真是笨蛋"。这些话实在是太没有爱了。

这可不是漫才里的"逗哏"或吐槽,任谁听到都会很不高兴。

他的部下只是一味地说"对不起",惯常低着头。

有一次,他又带了几个部下来喝酒。

果然不出所料,一谈到工作,他又开始口不择言:

"烦死了,我说的都没错!""是你想的不对!"

他的声音很大,听起来像在大声斥责。给旁边的客人也带来了困扰。

"是你烦人吧?你不能这样劈头盖脸地骂别人。错的不是他们,是你啊。"

有个声音这样说完,现场气氛瞬间凝固了,但是(除了这位领导)所有人的心里都感到无比畅快。

"你什么态度?我可是顾客啊!"

或许是因为在部下面前丢了面子,他嘟囔着抱怨了一会儿。但是从那一天开始,他便不再出口伤人,就像变了个人一样。

"真是没想到,还有人敢批评我,那时我真是吓了一跳。不过正是平时既稳重又温柔的人说出了这样的话,才能使我反省自己。看来真的是我错了。"

后来,这位批评顾客的员工,也成了独当一面的人。

很有意思吧,他们居然互换了立场。看来调教很有效。(笑)

话虽如此,批评比自己地位高的人还是很令人畏惧的。

但是,只要记住"区分使用批评方法",就能做得很好。

如果对方和银座的顾客一样,谁看了都会觉得"他太过分了",那么你带着正义的爱和自信,冷静地说"这是不对的"就可以。

如果对方有点泄气或者发牢骚,那就要以治病救人的态度告诉他:

"这可不像你啊,慢慢来就好了。"

"这样可不行,你现在很消极,要积极,积极一点。"

只要有爱作基础,对方就一定会明白"批评是为了我好"。

训诫对方,能使你在心灵上更胜一筹。

擅长闲谈的一个要点

无视对方的职位或社会地位,在必要的时候,试着"调教"他们。

> · 擅长闲谈的人 ·

会让人感到"命运"的主宰，而非偶然

擅长闲谈的人，制造"命运"的安排。
不擅闲谈的人，不相信"命运"之说。

擅长闲谈的人，如磁场般吸引对方。
不擅闲谈的人，容易招致恶意。

擅长闲谈的人，拥有心灵之友。
不擅闲谈的人，拥有亲密的朋友就满足。

这是为什么呢？
因为擅长闲谈的人，释放出爱的力量，并将对方带进自己的世界。

成功人士会得到无尽的"爱"。

给予他们爱的人,也会在自己成功的道路上得到"爱"。

在我看来,这样,自然而然地就完成了"爱的传承"。

擅长闲谈的人明白所有的事都不是偶然发生的。

我想大家都有过这样的经历吧。

比如当你想起了某个人:"说起来,他现在过得怎么样呢?"正这样想着,对方的电话或者邮件就来了;想收集旅行的信息,结果没几天电视上就播出了相关的特别节目。

在擅长闲谈的人看来,这些都是必然,而非偶然。

不擅闲谈的人,认为这不过是巧合罢了。

"碰巧电话就打来了""只是碰巧电视播出了特别节目"。

擅长闲谈的人,对于意识的力量有足够的经验,他们知道"我想这样做""我想变成这样"的意识能够引起很多必然的发生。

而更加神奇的是,精神水平一旦提高,就会出现对自己来说很重要的人。

"还想和这个人多聊一聊"——如果有人这么想,那就是必然的相遇。

这时,试着把这句话告诉对方:

"这份缘分不是偶然,而是必然,是命运的安排。"

当然也不是逢人就说,所以斟酌过后的话语更能向对方传达出这份心情。

如果对方回答:"什么必然?都是偶然!"那他就是不擅闲谈的人。

可以说他们没有梦想,或者至少对你来说,他们不是重要的人。

擅长闲谈的人会利用现实主动制造"命运"的安排。

他们强大的意识会形成磁场一样的能量吸引对方。

"能和您这样讲话,真是有缘分。这都是命中注定的。"

学会闲聊

听到这样的话，对方也会觉得"可能真的是'命运'的安排"。

这里再说一遍，不擅闲谈的人总是消极地思考问题。

他们总是消极地看待事物，因此，吸引来的也都是消极思考的同伴。

这也不是偶然，是必然。"物以类聚"的道理是真的。

请稍稍改变意识，尝试和正向思考的人交流。

你一定会收获一份必然的邂逅，彼此可以尽情谈论光明美好的未来。

擅长闲谈的人，拥有心灵之友。

所谓心灵之友，是不相见，也能心意相通的朋友。

他们互相理解：无论发生什么，我都是你的同伴。

无论在工作上，还是私人生活中，心灵之友都会无条件地支持自己。

就像家人一样，给予你无偿的爱。

第 6 章　攻陷对方的闲谈方式

你是不是觉得自己不可能遇到这样的心灵之友？

没这回事。

人与人的相识相知都是从初次见面的闲谈开始的。然后通过之后不断的交流，逐渐成为可以信赖的挚友之一，并随着时间的推移，成为心灵之友。

这样想，你就会明白"闲谈力"是多么重要。

擅长闲谈的人，会唤起"命运"的安排，并掌握自身的命运，最终走向成功。

擅长闲谈的一个要点

告诉对方不是偶然而是必然，让对方感受到"命运"的主宰。

后记

衷心感谢您能阅读完这本书。

人们为了拥有愉快且充满希望的日常生活,与他人的沟通是必不可少的。就像还不会说话的婴儿,被抚摸时会笑、被母亲以外的人抱会哭一样。成年人之间也是如此,因为对方的态度而会心地微笑,对于可信赖之人又倍感安心。

在本书当中我们提到过,要建立信赖关系,关键在于让别人爱自己。

为了让别人爱自己，必须先让别人喜欢上自己。

而为了让别人喜欢上自己，闲谈力便不可或缺。

整个过程就像自然法则导致的自然现象一样，这不仅可以应用于工作产出，也可用于一般的人际交往。

不仅能帮助你实现梦想和目标，还能充实个人生活。

你不需要交很多朋友、认识更多的人。

成功不与朋友数量或相遇次数成正比。

现实中，在闲谈中成功的人，都深受大家喜欢和信任，但他们的朋友数量却少得惊人。

这是因为在多次接触过程中，他们不仅获得了闲谈力，还具备了识别他人的个性和性格的能力。

取而代之的是他们拥有最强大的"心灵之友"。

如果通过辨别和努力拥有了"心灵之友"这种真正的朋友，生活就不会那么糟糕。即使遇到困难和挫折，也能以积极的方式去克服。

我希望您能够以本书内容为参考，在珍惜与人相遇的同时，将这本书付诸实践。

我真诚地祝福您每一天都意气风发，在提高闲谈力的过程中，拥有更加熠熠生辉的人生。

最后，要坚定地相信：今天的自己，是迄今为止所有人生经历历练的结果。

借此机会，我还想对我生命中遇到的每个人，说一声"谢谢，谢谢大家"。

森优子
2017 年 3 月